51個影響世界經濟的關鍵大事

世界〈経済〉全史「51の転換点」で現在と未来が読み解ける

宮崎正勝 著

賴詩韻 譯

目錄

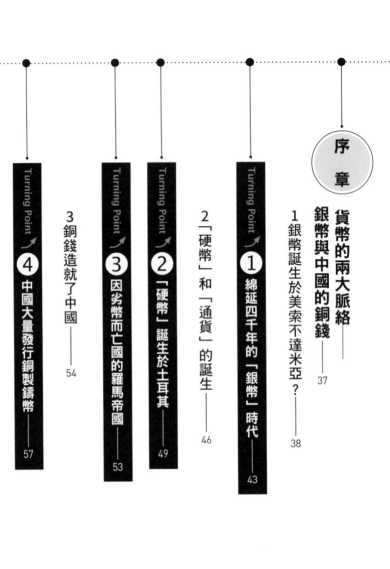

序章

貨幣的兩大脈絡
銀幣與中國的銅錢——37

第1章

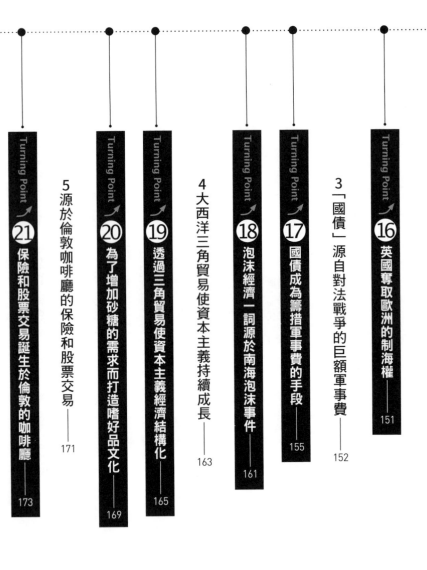

前言

近年來，隨著全球化的急速發展，社會的動向變得更加複雜。因此，面對現在的世界情勢，**我們亟需透過探討世界史去尋找許多「解答」**。近來興起一股探討地緣政治學的熱潮，就是向歷史尋求解答的體現。

奧地利著名的政治經濟學家熊彼得（Joseph A. Schumpeter），他曾有一句名言為「技術革新即是實行『創造性破壞』」。

當前的人類社會正處於戲劇化的變革期，電腦和智慧型手機引發了「第三次工業革命」，緊接著又迎來ＩｏＴ（物聯網）、ＡＩ（人工智慧）的「第四次工業革命」，全世界的情勢更是日新月異。

二〇一六年，英國透過公民投票決議脫歐（Brexit），美國則由倡導反全球化運動和保護貿易主義的候選人當選總統。十九至二十世紀期間，英國和美國主導了全球化的發展，時至今日，兩國的人民卻意外發起反對全球化的行動。

世界情勢固然是瞬息萬變的，但是現在基本上可以說是由「經濟主導的時代」。**截至目**

前的世界史書籍中，尚未針對「世界經濟」的脈絡有系統化的整理，我認為梳理「世界經濟」的脈絡，對理解今後的世界情勢非常重要。

如何使難以統整的「經濟」內容，以淺顯易懂的方式，來讓讀者瞭解是一大課題。我在前著《35個影響歷史的關鍵大事》（時報出版）中，曾透過三十五個「瞭解世界史的歷史關鍵」引導讀者瞭解歷史的脈絡，本次也想透過這種方式引導讀者瞭解「世界經濟」。

因此，本書以五十一個「Turning Point」（關鍵轉折點）為中心，介紹全世界經濟的脈絡。

本書為務求讀者能夠一目了然，大膽地將「Turning Point」以一整頁強調的方式呈現，再附上相關說明，期望能夠協助讀者對世界經濟的脈絡形成一定的概念。

此外，也適時導入「解讀經濟」要點，藉以引導讀者加深對「Turning Point」的理解。我想這是前所未有的嶄新嘗試。

本書與以往歸屬於經濟學領域的艱澀「經濟史」不同，透過具體的歷史事實為主題，以輕鬆閱讀為宗旨，期望能令讀者毫無障礙地流暢閱讀。

針對本書的架構，簡單說明如下：

「序章」記述有關貨幣誕生的經過。本章說明貨幣分為銀幣和銅錢兩個體系，同時介紹銀幣四千年的演變歷史。

「第1章」和「第2章」，記述由遊牧民族和商人主導**歐亞大陸的陸上經濟**，和**大西洋資本主義的海洋經濟**的興起過程。

「第3章」和「第4章」記述隸屬維京世界的北海小國荷蘭和英國，是如何建立資本主義經濟基礎的過程。並進一步介紹什麼是股份公司、國債、保險、紙幣、中央銀行、商品交易、股票交易，及引發泡沫經濟的原因等內容。

在接下來的時代，大多數傳統世界史都會以「民主革命」或「工業革命」為中心來展開敘述，但本書的「第5章」則是先描述美國獨立戰爭和拿破崙戰爭的發生，從而衍生出龐大的軍事費用，**使歐洲因此進入金融時代**，**更導致羅斯柴爾德家族等猶太人勢力的崛起**。「第6章」才會回頭再提透過工業革命和大規模的鐵路建設，全世界形成了以歐洲為中心的單一經濟世界。

「第7章」談及**英鎊的霸權**。英國成為史上最大的海洋帝國，負責其財政部門的猶太人操作英鎊，巧妙地使「銀幣的時代」轉換成「紙幣的時代」。

「第8章」介紹**新興國家美國**，如何在十九世紀末僅歷經二十多年，就急速完成經濟成長的過程。

「第9章」記述兩次世界大戰導致歐洲經濟的沒落，逐漸形成**以美元紙幣為全球通用貨幣的全球一體化體系**，**進一步成就了美國的霸權**。

「第10章」，記述一九七〇年代發生「尼克森震撼」後，美元進入黃昏期。本章詳述金融透過網路拓展的過程，及歷經日本的泡沫經濟、全球性的證券泡沫危機（金融海嘯）後，在全球化經濟的影響下，美國的經濟出現空洞化的現象，並進一步剖析中國在全球經濟的動盪中，躍升成為「世界工廠」的過程。此外，也提供給讀者一些有助於解讀往後世界經濟的線索。

由於要如何解讀目前複雜的世界情勢，已是多數人研討的議題，本書並非只是依時間順序條列出歷史事實而已，而是以聚焦於現在的記述方式來撰寫。

只要詳讀本書，應該多少能對複雜的現代社會情勢有所瞭解。本書是奠定歷史素養的書籍，讀者若有興趣，建議可以進一步閱讀有關經濟現況的著作或經濟周刊雜誌。

本書如果可以成為讀者想去學習新事物的契機，我將感到無上榮幸。

二〇一七年七月
宮崎正勝

〔圖表〕掌握世界經濟的脈絡

- 貨幣、硬幣、紙幣的登場
- 擴大經濟規模的六個全球化
- 「經濟中心」變遷示意圖
- 從銀幣和金幣來看世界史
- 兩種經濟圈的結合產生世界經濟
- 經濟史簡略年表

針對難以掌握的「經濟」歷史，本書特別將貨幣的進化、世界經濟中心的變遷情形等，整理成一目了然的圖表。透過這些圖表有助於讀者理解本書的內容，也可以在閱讀後做總整理的參考。

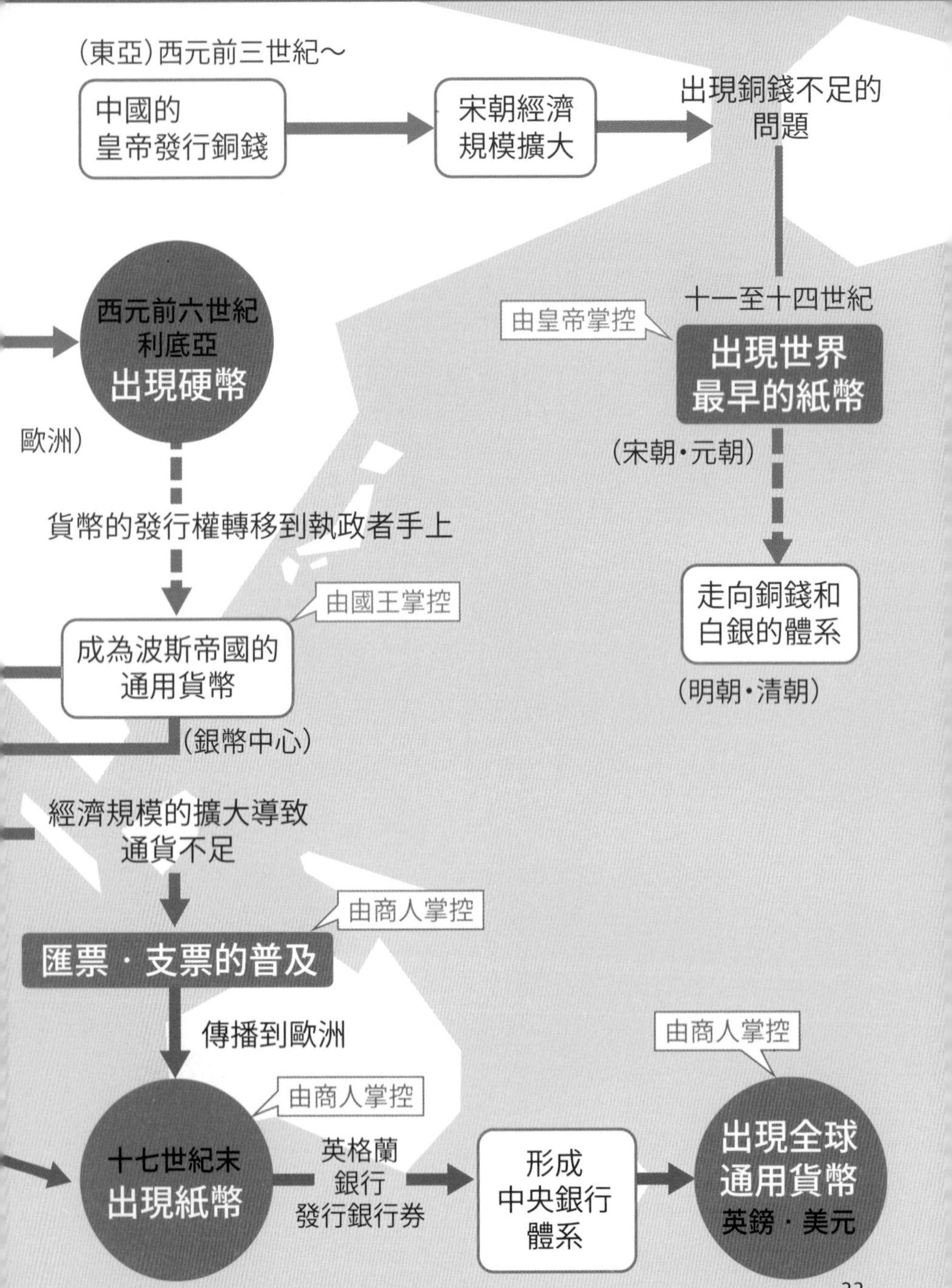
（東亞）西元前三世紀～
中國的皇帝發行銅錢
宋朝經濟規模擴大
出現銅錢不足的問題
十一至十四世紀
由皇帝掌控
出現世界最早的紙幣
（宋朝・元朝）
走向銅錢和白銀的體系
（明朝・清朝）
西元前六世紀
利底亞
出現硬幣
歐洲）
貨幣的發行權轉移到執政者手上
由國王掌控
成為波斯帝國的通用貨幣
（銀幣中心）
經濟規模的擴大導致通貨不足
由商人掌控
匯票・支票的普及
傳播到歐洲
由商人掌控
十七世紀末
出現紙幣
英格蘭銀行發行銀行券
形成中央銀行體系
由商人掌控
出現全球通用貨幣
英鎊・美元

貨幣、硬幣、紙幣的登場

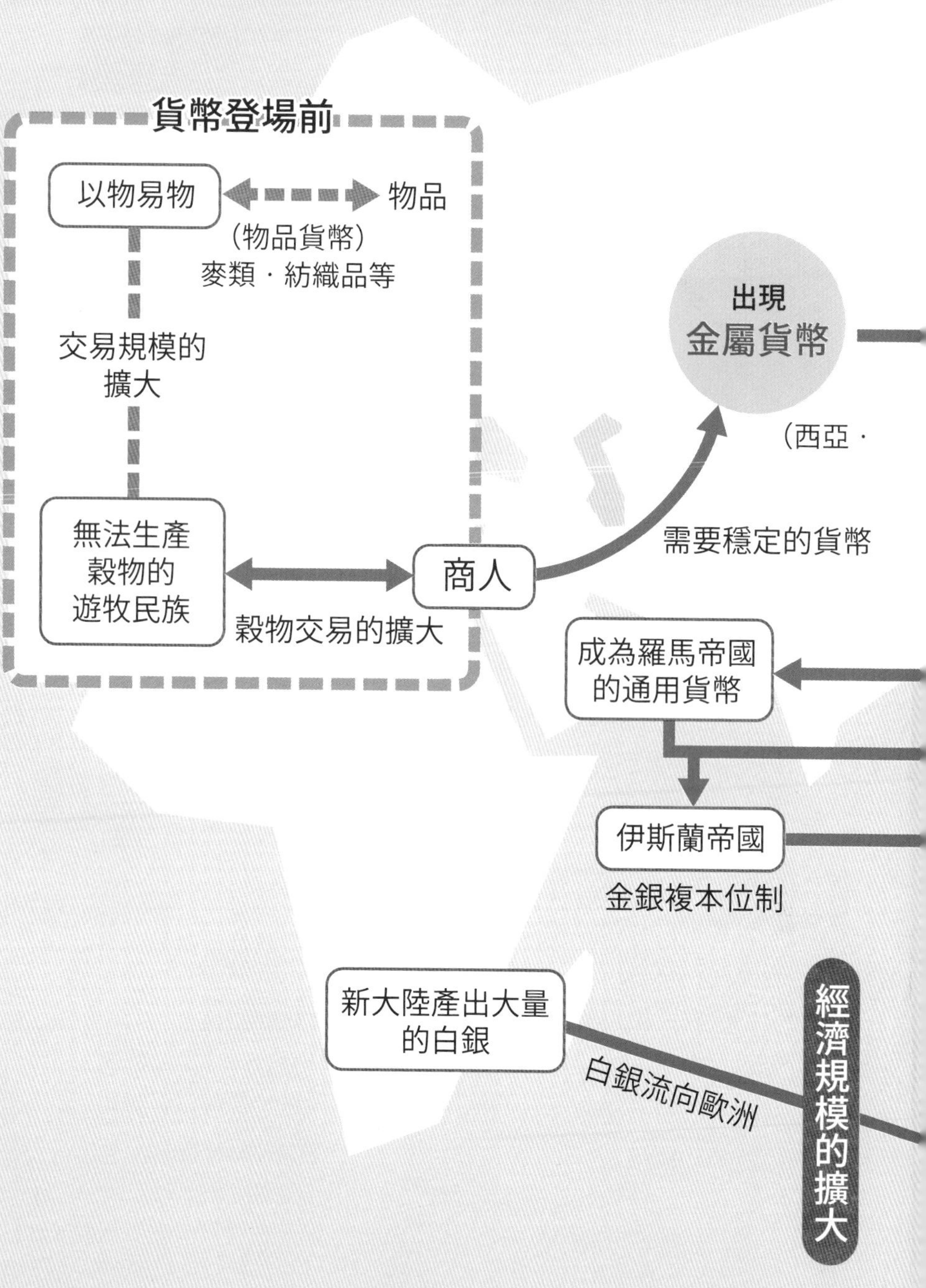
貨幣登場前
以物易物
物品
（物品貨幣）
麥類・紡織品等
交易規模的
擴大
無法生產
穀物的
遊牧民族
商人
穀物交易的擴大
需要穩定的貨幣
出現
金屬貨幣
（西亞・
成為羅馬帝國
的通用貨幣
伊斯蘭帝國
金銀複本位制
新大陸產出大量
的白銀
白銀流向歐洲
經濟規模的擴大

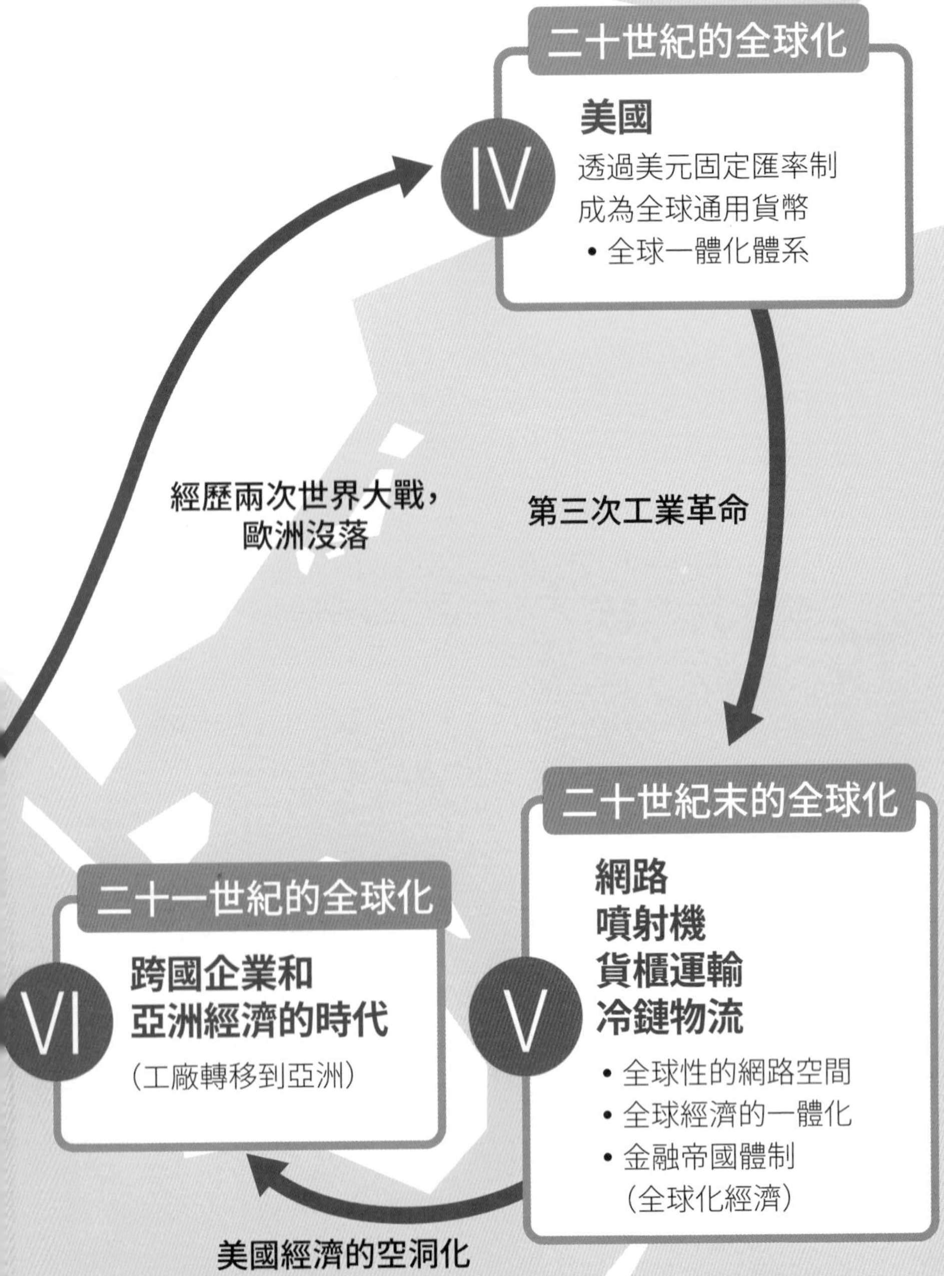
二十世紀的全球化
IV
美國
透過美元固定匯率制
成為全球通用貨幣
• 全球一體化體系
經歷兩次世界大戰，
歐洲沒落
第三次工業革命
二十世紀末的全球化
V
網路
噴射機
貨櫃運輸
冷鏈物流
• 全球性的網路空間
• 全球經濟的一體化
• 金融帝國體制
（全球化經濟）
二十一世紀的全球化
VI
跨國企業和
亞洲經濟的時代
（工廠轉移到亞洲）
美國經濟的空洞化

擴大經濟規模的六個全球化

第一次全球化

蒙古帝國

（十三至十四世紀）

- 陸上強權
（遊牧民族+商人）
- 歐亞大陸的環狀網絡
（海上絲路+草原絲路）

大航海時代

第二次全球化

環大西洋世界

（十七至十八世紀）

- 海洋強權
大西洋三角貿易

第一次及
第二次工業革命

十九世紀的全球化

大英帝國

- 掌控大西洋、印度洋
和南海的通商路線
- 殖民體制

掌控全球四分之一的土地和人口

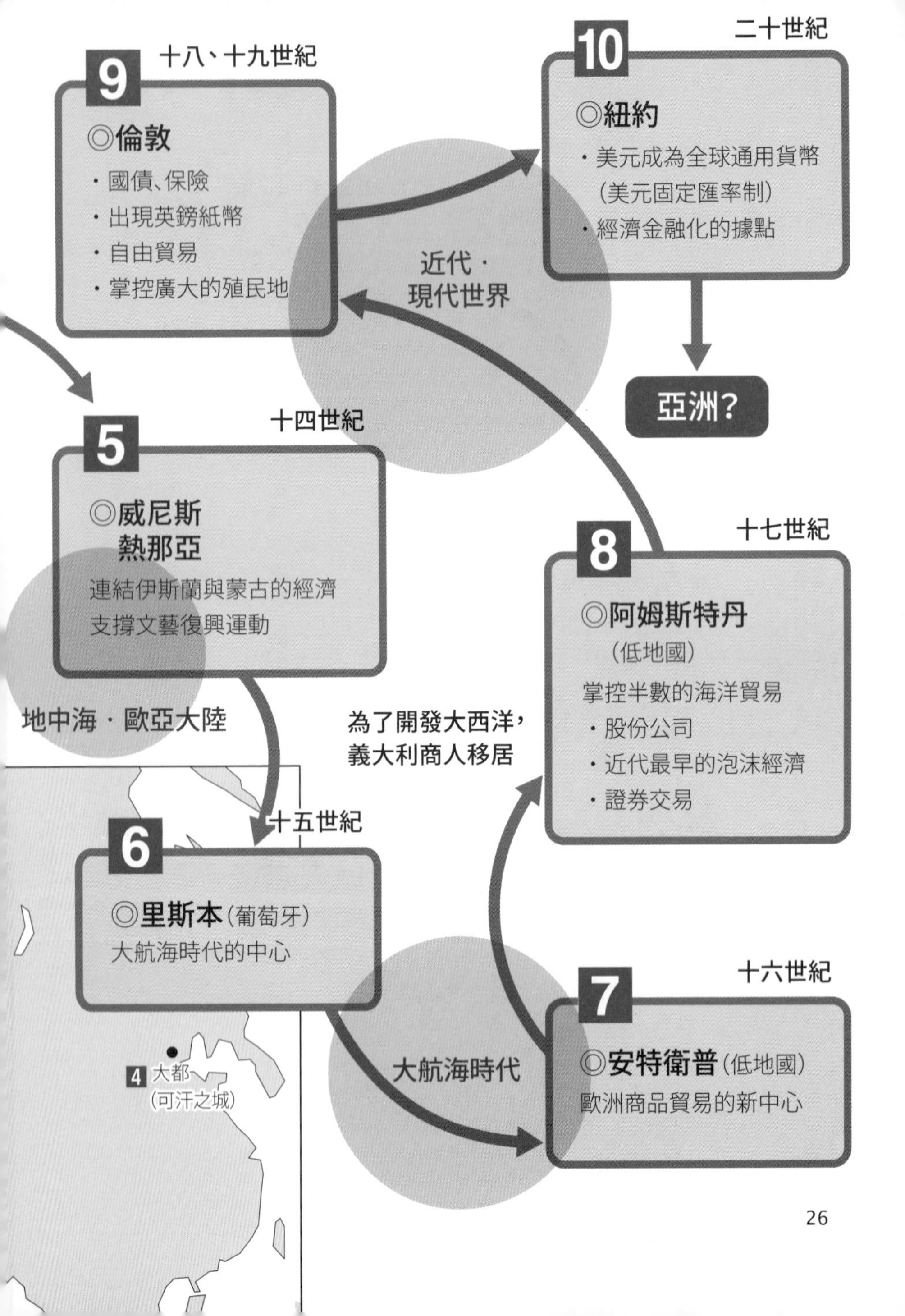
9 十八、十九世紀
◎倫敦
・國債、保險
・出現英鎊紙幣
・自由貿易
・掌控廣大的殖民地
10 二十世紀
◎紐約
・美元成為全球通用貨幣
(美元固定匯率制)
・經濟金融化的據點
近代・
現代世界
亞洲?
5 十四世紀
◎威尼斯
熱那亞
連結伊斯蘭與蒙古的經濟
支撐文藝復興運動
地中海・歐亞大陸
8 十七世紀
◎阿姆斯特丹
(低地國)
掌控半數的海洋貿易
・股份公司
・近代最早的泡沫經濟
・證券交易
為了開發大西洋,
義大利商人移居
6 十五世紀
◎里斯本(葡萄牙)
大航海時代的中心
4 大都
(可汗之城)
大航海時代
7 十六世紀
◎安特衛普(低地國)
歐洲商品貿易的新中心

「經濟中心」變遷示意圖

1 西元前六世紀

●**薩第斯**（利底亞）
出現最早的硬幣

◎**大馬士革**（敘利亞）
美索不達米亞的駱駝商業中心
（阿拉米人）

●**泰爾**（黎巴嫩）
東地中海貿易中心
（腓尼基人）

●**迦太基**（殖民城市）
西地中海商業中心

西亞・地中海

2 西元前三世紀

◎**亞歷山大港**
連結地中海、埃及和西亞（中東）
（希臘人）

3 九世紀

◎**巴格達**（人口一百五十萬人）
地中海、西亞連結「海上絲路」「絲路」
伊斯蘭帝國的中心
［工業革命前最大的經濟城市］
（穆斯林商人）

歐亞大陸・東亞

4 十三世紀

◎**大都**（可汗之城）
蒙古帝國環狀網絡的中心

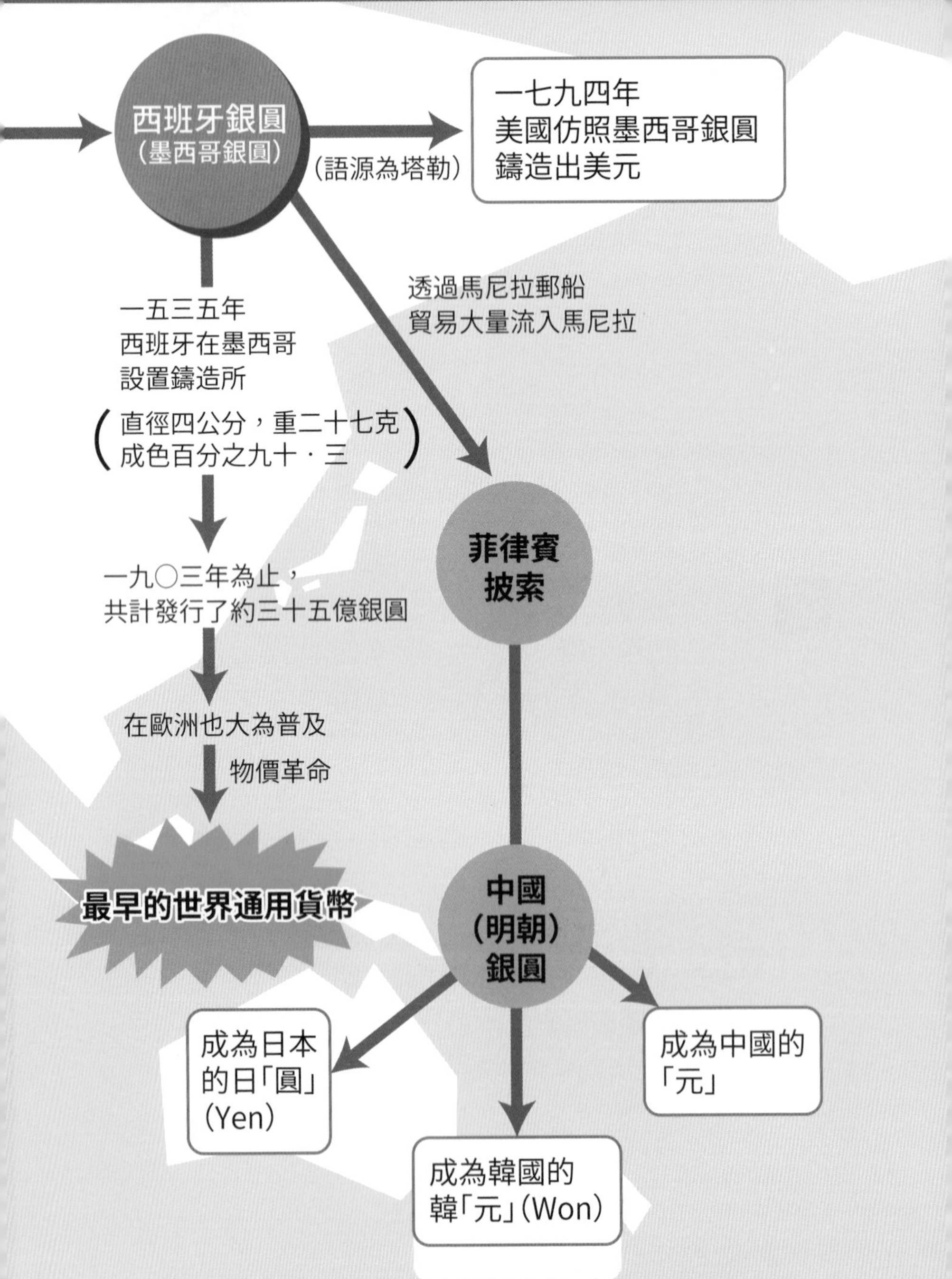
西班牙銀圓
（墨西哥銀圓）
（語源為塔勒）
一七九四年
美國仿照墨西哥銀圓
鑄造出美元
透過馬尼拉郵船
貿易大量流入馬尼拉
一五三五年
西班牙在墨西哥
設置鑄造所
（直徑四公分，重二十七克
成色百分之九十．三）
一九〇三年為止，
共計發行了約三十五億銀圓
在歐洲也大為普及
物價革命
最早的世界通用貨幣
菲律賓
披索
中國
（明朝）
銀圓
成為日本
的日「圓」
（Yen）
成為韓國的
韓「元」（Won）
成為中國的
「元」

從銀幣和金幣來看世界史

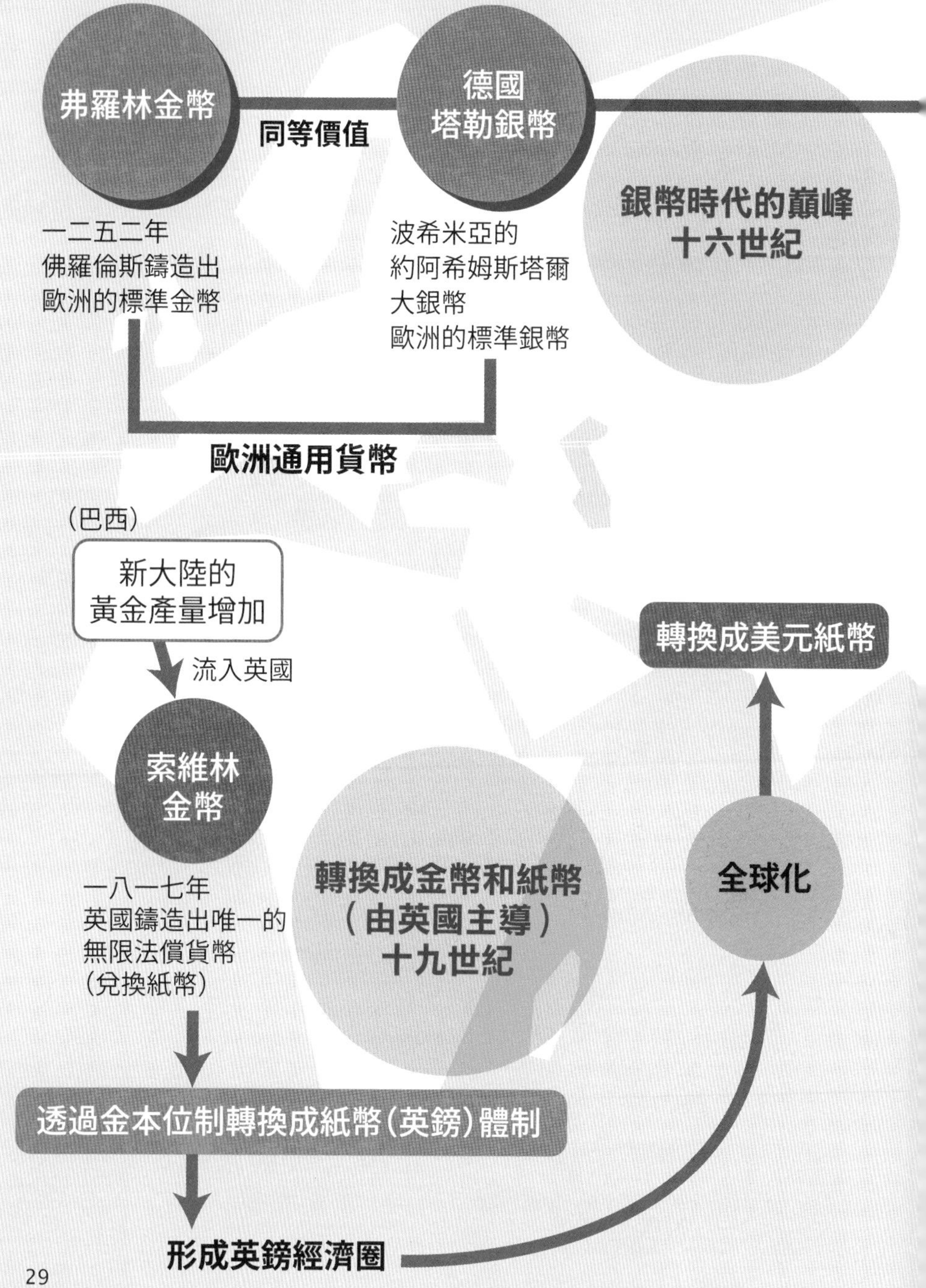
弗羅林金幣
同等價值
德國
塔勒銀幣
銀幣時代的巔峰
十六世紀
一二五二年
佛羅倫斯鑄造出
歐洲的標準金幣
波希米亞的
約阿希姆斯塔爾
大銀幣
歐洲的標準銀幣
歐洲通用貨幣
（巴西）
新大陸的
黃金產量增加
流入英國
索維林
金幣
一八一七年
英國鑄造出唯一的
無限法償貨幣
（兌換紙幣）
轉換成金幣和紙幣
（由英國主導）
十九世紀
轉換成美元紙幣
全球化
透過金本位制轉換成紙幣（英鎊）體制
形成英鎊經濟圈

十八世紀末英國發起工業革命讓
II區的勢力有飛躍性的提升／
I區（尤其是印度和中國）經濟的從屬化

資本主義經濟的世界化

I + II

→ **出現史上最大的大英帝國**

（現代世界的原型）

兩種經濟圈的結合產生世界經濟

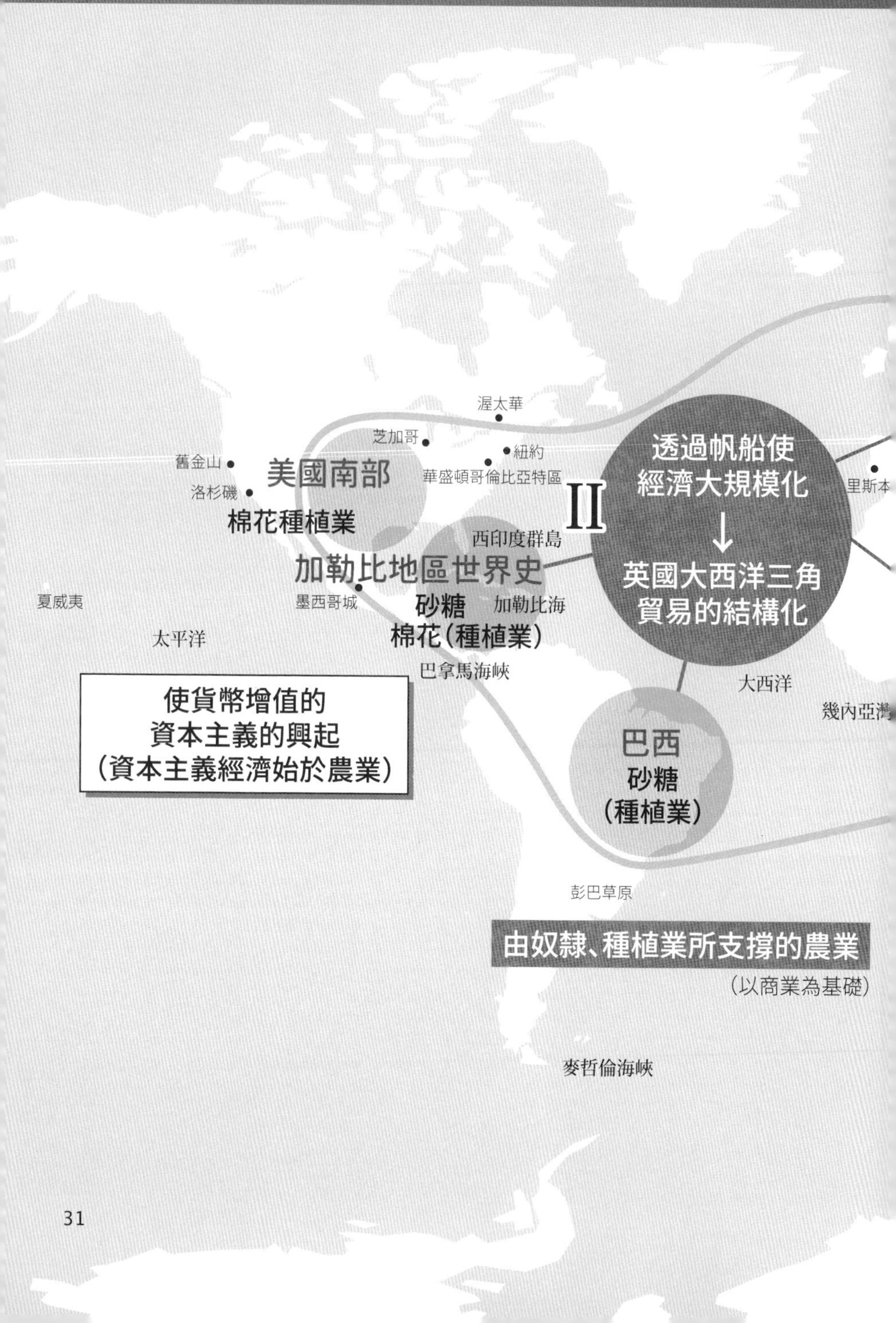
渥太華
芝加哥
紐約
舊金山
美國南部
華盛頓哥倫比亞特區
洛杉磯
棉花種植業
II
透過帆船使
經濟大規模化
↓
英國大西洋三角
貿易的結構化
里斯本
西印度群島
加勒比地區世界史
夏威夷
墨西哥城
砂糖
加勒比海
棉花(種植業)
太平洋
巴拿馬海峽
大西洋
幾內亞灣
使貨幣增值的
資本主義的興起
(資本主義經濟始於農業)
巴西
砂糖
(種植業)
彭巴草原
由奴隸、種植業所支撐的農業
(以商業為基礎)
麥哲倫海峽

Turning Point 歐洲	Turning Point 美國・亞洲	年	事件 歐洲	事件 美國	事件 亞洲
		前1000	約西元前一七六〇年《漢摩拉比法典》問世		
1 綿延四千年的銀幣時代 2 土耳其出現硬幣		前500	西元前五五〇年 波斯帝國成立 西元前三三〇年 亞歷山大滅掉波斯帝國 西元前二七年 羅馬帝國成立		西元前二二一年 秦始皇統一中國 西元前二〇二年 漢朝成立
	4 中國大量發行銅錢	1			
		100	九六年 羅馬進入五賢帝時代(～一八〇年)		
		200	二二六年 薩珊王朝成立		
		300			約三二〇年 印度笈多王朝成立
3 劣幣導致羅馬帝國滅亡(四七六年)		400	三九五年 羅馬帝國分裂為東、西羅馬帝國		
		500	四七六年 西羅馬帝國滅亡		約五八九年 隋朝統一中國 六〇〇年 日本派出遣隋使
		600	約六一〇年 穆罕默德創立伊斯蘭教		六一八年 唐朝成立

經濟史簡略年表①

5 印度洋的開發使經濟飛躍發展（八至九世紀）

7 出現最早的「紙幣」（十一世紀）

8 歐亞大陸經濟圈成立

6 數字、簿記的進化

10 經濟的中心轉移到低地國

12 墨西哥銀圓成為世界通用貨幣

13 明朝流入大量的白銀

700

七五〇年 阿拔斯王朝成立

七一〇年 遷都平城京（日本）

800

八〇〇年 查理曼大帝成為西羅馬帝國皇帝

七九四年 遷都平安京（日本）

900

九〇九年 埃及成立法提瑪王朝（什葉派）

九六二年 神聖羅馬帝國成立

九六〇年 宋朝成立

1000

1100

一〇九六年 第一次十字軍東征

約一一九二年 鎌倉幕府成立

1200

一二〇六年 成吉思汗統一蒙古

一二五八年 阿拔斯王朝滅亡

一二七一年 元朝成立

1300

一三三六年 室町幕府成立

一三六八年 明朝成立

1400

大航海時代

一四五三年 拜占庭帝國滅亡

一四九二年 哥倫布抵達美洲大陸

一四九八年 瓦斯科・達伽馬抵達印度

1500

一五一七年 宗教改革開始

一五一九年 麥哲倫航行世界一周

一五二六年 印度蒙兀兒帝國成立

Turning Point

年	Turning Point（歐洲／美國・亞洲）	事件：歐洲	事件：美國	事件：亞洲
1550	11 種植業登場	一五八一年 荷蘭獨立戰爭（～一六四八年） 一五八八年 英國擊敗西班牙無敵艦隊		一五七三年 安土桃山時代（日本）
1600	15 出現世界最早的股份公司 16 英國掌控歐洲的海權 14 發生世界最早的泡沫經濟事件	一六〇〇年 成立英國東印度公司 一六〇二年 成立荷蘭東印度公司 一六四二年 英國清教徒革命		一六〇三年 江戶幕府成立 一六四四年 明朝滅亡，清朝統治中國
1650	20 砂糖消費逐漸擴大 17 利用國債籌措軍事費 21 出現保險和股票交易 22 發行英鎊紙幣（一六九四年）	一六五二年 英荷戰爭	一六八八年 光榮革命（英國）	
1700	9 遊牧帝國的強權統治（十八世紀初） 18 南海泡沫事件 19 資本主義的擴大（大西洋三角貿易）			
1750	24 出現資本主義的教科書（一七七六年） 23 國民經濟的誕生 25 歐洲出現惡性通貨膨脹（一七九五年） 27 發生工業革命	一七六〇年代工業革命 一七六三年 英國確定掌控北美洲 一七八九年 法國大革命	一七七六年 美國發表獨立宣言	

經濟史簡略年表②

- 26 金本位制的確立與英鎊紙幣
- 28 邁向煤炭與蒸汽機的時代
- 29 鐵路使歐洲一體化
- 36 銀行的氾濫使美國經濟發展落後
- 32 英國確立海洋帝國的霸權
- 30 第二次工業革命（一八七〇年～）
- 31 英國轉型成為金融帝國
- 33 成立亞洲三角貿易
- 34 鴉片瓦解中國的經濟
- 37 美國獲得移民的助力而成長
- 35 歐洲列強瓜分非洲
- 38 美國逐漸轉變成海洋帝國
- 40 經過第一次世界大戰美國大躍進
- 39 FRB的成立
- 41 針對德國的報復政策
- 43 爆發經濟大恐慌！
- 44 出現集團經濟
- 45 布列敦森林體系成立
- 42 大量生產方式的出現
- 47 跨國企業移往海外
- 46 發生尼克森震撼
- 48 廣場協議使美元貶值日圓升值
- 49 亞洲金融風暴
- 50 雷曼兄弟事件引發全球金融海嘯
- 51 發生希臘國債危機

1800　1850　1900　1950　2000

- 一八〇六年 拿破崙下達大陸封鎖令
- 一八四〇年 鴉片戰爭
- 一八五七年 西帕依叛亂
- 一八六一年 美國南北戰爭
- 一八六八年 日本明治維新
- 一八六九年 蘇伊士運河開通
- 一八七九年 愛迪生發明白熾燈泡
- 一八九八年 美西戰爭
- 一九一二年 中華民國成立
- 一九一四年 爆發第一次世界大戰
- 一九一九年 巴黎和會
- 一九二〇年 國際聯盟成立
- 一九二八年蔣介石主導國民政府
- 一九二九年 經濟大恐慌
- 一九三二年 英國形成集團經濟圈
- 一九三九年 爆發第二次世界大戰
- 一九四九年 中華人民共和國成立
- 一九五〇年 韓戰
- 一九六五年 越戰
- 一九七一年 尼克森震撼
- 一九七三年 第四次中東戰爭
- 一九八五年 簽署廣場協議
- 一九八九年 天安門事件、柏林圍牆倒塌
- 一九九一年 波斯灣戰爭
- 二〇〇八年 雷曼兄弟事件

序章

貨幣的兩大脈絡

——銀幣與中國的銅錢

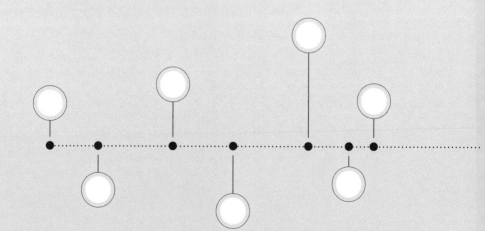

1 銀幣誕生於美索不達米亞？

「畜牧民族」需要貨幣作為交換媒介

距今五千年前，人類逐漸形成文明。以都市為中心的灌溉基礎設施逐漸完備，開始大規模生產穀物。

不過，美索不達米亞由於極度乾燥而無法栽種穀物，大多數的牧民只得從農民手中取得穀物。

商人和統治者為了穩定供給這些牧民所需的穀物，自古以來當地的商業活動就十分發達。**為了維持穩定的以物易物交易，「兌換券」的存在變得相當重要**。其中，「銀」等金屬片兼具不笨重、不易朽壞之優點，就成為製作「兌換券」（貨幣）的最佳素材。

因此產生了支撐商業體系的**「金屬貨幣」**。當人們使用貴金屬可以穩定交換所需的物品後，逐漸形成以金屬貨幣交換物品的「信用」，使用金屬貨幣的情況也愈來愈廣泛。

長期以來，人們都使用麥類、椰棗或毛紡織品作為交換物品的媒介（**物品貨幣**），隨著商業規模的擴大，逐漸凸顯出方便使用的金屬貨幣的優勢。

解讀經濟

經濟的基礎在於分工生產，農民與牧民之間的物品交易裡，貨幣是不可或缺的媒介。換言之，貨幣相當於物品交換的「兌換券」。在美索不達米亞有一段時期是用黏土板，埃及是用莎草紙，腓尼基則是用皮革作為貨幣。

商人選用的「銀」

商人將不變質、易於攜帶的「銀」（從山岳地帶運來的），作為方便於畜牧社會與農業社會之間進行物品交易的媒介道具。

牧民只要持有銀就可以從商人手中取得所需的穀物，非常方便。人們將生銀裝在袋子裡，根據重量進行交易。以「錫克爾」（約八．三克）為重量單位的基準。

姑且將這種貨幣稱為**錫克爾貨幣**。

當時的商人發行錫克爾貨幣，並讓它於市場流通，由於他們讓生銀變成貨幣，儼然成為經濟交易的莊家，從中獲得莫大的利益。

由於銀是不會朽壞的貨幣，不久人們就開始積蓄銀作為財產。財富變得易於累積後，社會的貧富差距也逐漸擴大。

銀大約是四千年前開始被當作貨幣使用，直到距今約一百五十年前「金本位制」成為經濟的中心為止，銀一直都是貨幣的主流。

解讀經濟

貨幣價值的根源是「信用」。商人秉持信用維持、管理銀的穩定供給和流通，奠定了貨幣制度。

被法老獨占的埃及「黃金」

埃及是古代最豐饒的農業社會，由於東西邊為沙漠，南北邊受到瀑布和海洋的隔絕，形成了封閉型的社會。因此，以物易物的交易模式持續了兩千年以上之久，金屬貨幣的出現大幅晚於其他地區。

古代世界的「金」，有九成皆出產於尼羅河上游的努比亞地區（埃及由於不產銀，銀比金價值更高），但是**金卻被當作收藏品，而沒有變成貨幣**。埃及的金，被自稱身體與太陽神一樣是由黃金形成的法老王所獨占，用於宗教用途。

因此，我們在英年早逝的法老王圖坦卡門之墓裡，才會挖出黃金面具等數量龐大的黃金陪葬品。

埃及的黃金由法老獨占，被用來彰顯法老的宗教地位，與現代人用名牌品來彰顯自身權威財富是一樣的。

解讀經濟

埃及會根據土地的大小去推算出穀物的收穫量，並且向農民徵收約兩成的收穫稅。

「儲蓄」民族與「投資」民族的差異

農耕民族與畜牧民族的貨幣觀念迥然不同。

畜牧民族以飼養家畜（綿羊、山羊、牛、駱駝等，這些動物透過反芻消化高纖的草原草，具有多數雌性圍繞雄性群居的習性）維生。以綿羊為例，牧民必須飼養多達兩百頭綿羊才能維持一家的生計。因此，畜牧民族的財產來自於家畜，是屬於動態的資產（動產）。

綿羊（家畜）的頭，是英語「資本」（capital）的語源。

綿羊是可以交換麥類的活「貨幣」，畜牧民族的財產取決於他所擁有的綿羊數量。牧民在嚴苛的自然環境條件下，透過繁衍家畜的方式來增加財產。繁衍家畜與得到「利息」是相同的道理，牧民善於透過資產運用，來創造財富。

另一方面，農耕民族則習慣囤積穀物（儲蓄），以備遭遇災難時的不時之需。他們的資產充其量就是土地之類的不動產。

日本人之所以好儲蓄、日本企業的保留盈餘過多等，與日本是純粹的農業社會有極大的關係。善於資產運用的猶太人，就是屬於畜牧民族。

解讀經濟

投資和儲蓄可以說是民族文化的一部分。因此，像日本人一樣的農業民族，要在短時間內就擁有優秀的投資能力絕非易事。

Turning Point

①

西元前七世紀至十九世紀中葉

綿延四千年的「銀幣」時代

始於美索不達米亞的「銀幣」時代，直到十九世紀中葉為止，綿延了約四千年的歲月。其後，世界邁入「紙幣時代」。貨幣原本只是一種「兌換券」，最後逐漸成為蓄積財富的手段。經濟學者亞當．斯密曾表示「財富不是貨幣，而是貨幣所能購得的商品」。

利息驚人的破壞力令人忌憚

經濟學教科書裡，提到貨幣有三種機能：第一種是「價值交換」，第二種是「計量價值」，第三種是「保存價值」。

不過，貨幣的機能不僅於此，還存在第四種機能，也就是**透過收取利息所衍生的自我增值**機能。這項機能與**「金融」**有關，也與資本主義經濟的誕生息息相關。

在美索不達米亞，自古就存在有放貸「金錢」並收取利息的金融業者。

舉例來講，距今三千八百年前由古巴比倫王國的漢摩拉比國王頒布的**《漢摩拉比法典》**就有限制利息的相關條文，當中即嚴格規定放貸超收一定比例的利息，就會被沒收本金。

這種限制的用意，在於防止「利息」衍生出貧富差距擴大的問題，進而對小規模的共同體社會帶來嚴重的危害，在當時是非常重要的規定。

古代雖然沒有皮凱提（Thomas Piketty，法國經濟學者，主要研究收入與分配不均，著有**《二十一世紀資本論》**）之類的經濟學家，卻也沒有放任「收取利息」的危險行為。基於這個道理，猶太教、基督教和伊斯蘭教都不約而同地規定**禁止在共同體內收取利息**。

不過，受羅馬帝國迫害不得不遠離故土流亡各地的猶太人，在猶太教的教義裡，**卻允許猶太人借錢給其他民族**。這也是猶太人在世界史上成為著名的放貸者的原因之一。

在現代全球化的社會，人們或許認為收取利息不會造成問題，但是在網路普及和經濟全球化的影響下，社會中的貧富差距已經擴大到難以想像的地步（譬如，八名大富豪與三十六億名貧民擁有同等財富的現象）。因此，「貨幣增值」的問題確實有重新檢視的必要。

解讀經濟

資本主義出現之前，人們普遍忌諱利用貨幣來收取利息（因為貨幣有自我增值機能），認為這種行為會導致貧者愈貧，進而威脅到社會的存立。資本主義則完全反其道而行，資本主義社會的出現是以「貨幣的自我增值」為基礎。根據《漢摩拉比法典》規定，借貸大麥可收取的利息為百分之三十三，銀則是百分之二十。

2 「硬幣」和「通貨」的誕生

用小聰明賺大錢的國王

「硬幣」的問世，使貨幣頓時變得非常方便使用，國家於是大量發行貨幣。由於貨幣的出現所引起多方面的社會變化，被稱為**「硬幣革命」**。

概括來講，「當銀幣變得方便人們使用之後，也開啟了由國王掌握貨幣的發行權和管理權的時代」。

西元前七世紀，當時的經濟中心「東地中海、敘利亞」的周邊，相當於現今土耳其西部的利底亞（西元前七至前六世紀），出現了世界最早的硬幣（銀幣）。利底亞的國王**克羅伊斯**，透過刻印的方式，發行了質量和純度穩定的金幣和銀幣，因而成為超級大富翁。

克羅伊斯**透過刻印的方式確保硬幣的質和量**，**讓「信用」變成肉眼可見的東西**。使用硬幣非常方便，只需要計數硬幣的枚數就可以進行交易，商業的規模也因此逐漸擴大。

■西元前七世紀左右的西亞

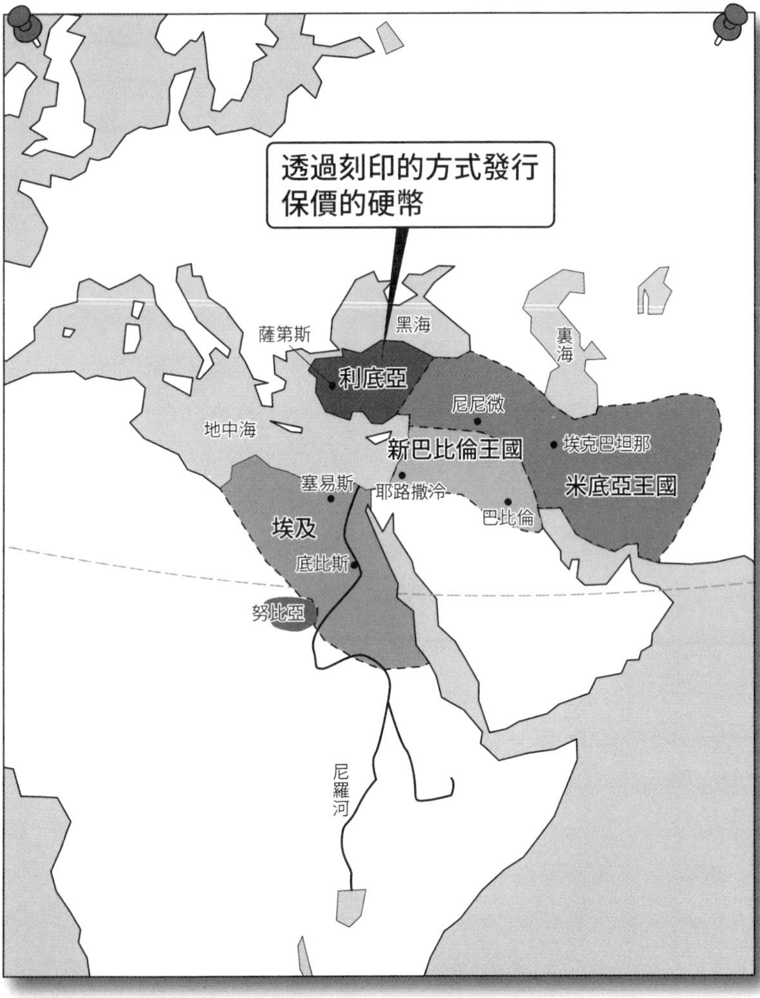

簡單來講，克羅伊斯透過製造硬幣這種「名牌品」，獲取了龐大的利益。偽幣也就等同於贗品。

以往「金屬貨幣的製造是讓商人大撈油水的事業」，不過在「硬幣革命」後，變成由國王透過刻印硬幣出借「信用」，開啟了龐大的收入來源。

製造硬幣致富的「克羅伊斯」，他的名字也成為大富翁的代名詞，在英文裡大富翁有「rich as Croesus」的說法。

解讀經濟

透過刻印擔保價值的硬幣，它所帶來的便利性使經濟的規模有飛躍性的成長。同時，硬幣也成為國王介入經濟的有力手段。

造就了大帝國的小小硬幣

西元前六世紀，史上最早的帝國波斯帝國（阿契美尼德王朝）掌控了橫跨埃及、伊朗高原，一直到印度的印度河流域的廣闊領土。

Turning Point

②

西元前七世紀

「硬幣」誕生於土耳其

約在西元前六七〇年，土耳其的利底亞鑄造出世界最古老的硬幣。西元前六世紀，史上最早的帝國波斯帝國（阿契美尼德王朝）讓硬幣成為通貨，用於掌控廣闊的領土。

在波斯帝國，硬幣的功能在於**「維繫人與物品的交易網絡」**與**「統治」，在這兩方面都發揮了極大的效用**。

在現代社會也一樣，金錢與我們的生活密不可分，其影響力滲透到我們生活的各個角落。由國王發行的硬幣，使人與物品形成緊密的連結，對人類社會的廣域化和複雜化有很大的貢獻。此外，**在帝國的廣大領土內，被強制規定作為流通使用的硬幣，就稱為「通貨」**。由於發行通貨可以獲得莫大的財富，而且在日常生活中又具有連結人與物品的重要機能，對於波斯帝國的國王來講，硬幣雖小卻具有一石二鳥的大功用。硬幣與帝國的永久存續息息相關。

換言之，硬幣雖小，卻不能等閒視之。

解讀經濟

硬幣使物品的交易、徵稅、籌措軍費都變得更加容易，自從透過刻印的方式確保了貨幣的價值，通貨的發行權和管理權就由商人移轉到國王的手中。

因長期的通膨而衰亡的羅馬帝國

羅馬帝國也是由皇帝獨占硬幣的發行權。英文把「金錢」稱為「money」，語源來自於羅馬神話中的女神，也是天神之妻茱諾（地位相當於希臘神話中宙斯的妻子赫拉）的別名「Moneta」。

羅馬帝國就是由 Moneta 的神殿獨攬鑄造硬幣的工作。

羅馬帝國即使以武力成功地征服了地中海沿岸一帶，但是為了維持帝國的統治，仍然必須負擔龐大的軍事費用，其主要的財源來自於針對所有的交易徵收百分之一的**貨物稅**。不過，由於不堪應付龐大的支出，**羅馬帝國只得不斷減少硬幣的貴金屬含量，才得以勉強維持財政**。

羅馬帝國鼎盛時期的五賢帝時代（九六至一八〇年），所耗的軍事費也超過國家財政支出的一半。

自古有一句名言「條條大路通羅馬」，羅馬的道路建設也是為了安置龐大失業士兵的救濟事業。

隨著銀幣質量的日漸低下，硬幣的銀含量最後據說竟只剩下百分之五，簡直淪為貨真價實的銅幣，可以想見當時羅馬帝國的財政情況非常嚴峻。

銀含量的減少貶損了貨幣的價值。以現代的說法，就如同加印紙鈔一樣，最後引發了通貨膨脹的危機。

通貨膨脹源於英文動詞「inflate」（使膨脹），意指擴大通貨的發行量。根據現代的說法，羅馬帝國可以說是亡於長期的通貨膨脹。

解讀經濟

羅馬皇帝為了快速取得財富而頻繁鑄造劣幣，卻引發現代所謂的通貨膨脹。

Turning Point

③

西元五世紀末

因劣幣而亡國的羅馬帝國

羅馬帝國的滅亡，是起因於劣幣所引發的通貨膨脹。劣幣氾濫就等同於毫無節制地印鈔一樣。

3 銅錢造就了中國

古代的經濟隱藏於漢字當中

在東方中國的黃河流域，主要的作物為小米，栽種的方式與小麥截然不同，不需要發展出完備的灌溉設施。因此，黃河流域一帶並沒有像美索不達米亞，必須透過建立治水和灌溉的事業來形成權力，而是將「戰爭的勝出者」視為神的代理人。

中國最早的王朝「商朝」沒有使用金屬，而是將產於南海的寶螺作為貨幣使用。這些外來的貝殼貨幣，藉由商人之手廣為流通。

漢字的祖先是商朝時代的甲骨文字，與經濟有密切關係的文字，其偏旁都使用「貝」字，這就是中國曾以貝殼作為貨幣的歷史痕跡。

譬如：「貨」、「財」、「寶」、「買」、「貸」、「資」、「貯」、「預」等文字，都可以發現「貝」的蹤跡。

殷商（「商」為自稱）亡於周朝之後，失去土地的商朝人，只得透過經商維生。這就是**「商人」一詞的由來**。

此外，古代的中國似乎也與西亞一樣，農耕民族與畜牧民族之間是和平共存的關係。如漢字當中寓意美好的「善」、「美」、「祥」等字，偏旁都有「羊」，顯示出農耕民族與畜牧民族之間的和諧關係。

解讀經濟

古代中國在使用金屬貨幣之前，曾歷經一段使用貝殼貨幣的時代。

支撐漢武帝大舉征戰的銅錢

西元前三世紀，秦始皇統一了文字、貨幣（硬幣）、度量衡和車軌（車軸的寬度），為往後綿延兩千年的中國打下重要的基礎。

秦始皇以價格低廉的銅所大量打造出來的**「半兩錢」**（重約八克）作為基準，統一了貨幣，至於錢幣的價值，則由被天神委以統治人民的皇帝決定。不過，短時間內要使銅錢流通並非易事，因此，原本在戰國時代發行於各地的青銅製貨幣也仍舊通用。

中國最早的正式通貨，是西元前二世紀由漢武帝（西漢）所制定的**「五銖錢」**。從漢武帝到漢平帝為止的一百二十年間，居然發行了多達約兩百八十億枚的五銖錢。

由於中國的鑄造技術非常發達，才能大量發行價格低廉的銅製鑄幣。西亞則是以人工敲打的方式製造硬幣，非常耗費心力，因此他們所製造的硬幣以價值高的銀幣為主流。

五銖錢直到唐朝初期廢除為止，流通了有七百年之久。

漢武帝是位非常好戰的皇帝，他與蒙古高原的匈奴之間展開大戰，並征服了朝鮮半島北部、越南北部及「西域」一帶。漢武帝之所以能夠維持長期的大規模戰爭，與他發行了大量的銅錢有關。

解讀經濟

中國的貨幣觀與西亞迥然不同，富有政治的色彩。身為天子的皇帝可以任意決定貨幣的價值。

Turning Point

④

西元前三世紀～

中國大量發行銅製鑄幣

秦始皇以「半兩錢」（半兩約重達八克）為基準統一了貨幣，為日後中國的通貨打下了基礎。最早在中國正式成為通貨的是漢朝的「五銖錢」。大量發行廉價的銅製鑄幣，是中國異於他國的特色。

壓榨「人民」的「官員」

中國以「天命思想」為背景，由皇帝創造出大規模的統治機構，並統一了眾多部族。將自己形塑成「天神」（天帝）的天子（王、皇帝），權力變得非常強大，他們利用神的威光徹底統治人民，以至於超過兩千年的歲月期間，人民毫無權力可言。

一直到現在的共產黨政權，**中國社會歷來都有「官員」占優勢，「人民」屈居弱勢的特色**。受到「官員」的強權統治而無法經濟自主的民間社會，逐漸**發展出蓬勃的地下經濟**。這也是因為由「人民」創造的財富，都被帝國大肆搜刮所致。

強大的權力往往將民眾的生活吞食殆盡。

在中國，當社會中的貧富差距大到了無以復加的地步時，人民的生活就會變得無以為繼而不得不群起叛變，當代的王朝往往走向滅亡一途。

秦朝末年，「陳勝吳廣起義」引發了群雄蜂起，東漢的「黃巾之亂」、隋末的農民起義、唐朝的「黃巢之亂」、元朝的「紅巾軍起義」、明朝的「李自成之亂」及清朝的「辛亥革命」，都使當代的王朝走向衰亡。

解讀經濟

中國的傳統，是由皇帝和其隨侍的官僚階級，由上而下地統治人民。不過，天災地變和民眾的起義，則被視為是天神對皇帝不再信任的表現。因此，皇帝對於自然和社會的變化非常敏感，也非常重視史書（天神旨意的紀錄）的編纂工作。中國和韓國的歷史觀，都有「評斷功過」的特色。

第1章

歐亞大陸的大帝國與大規模經濟的出現

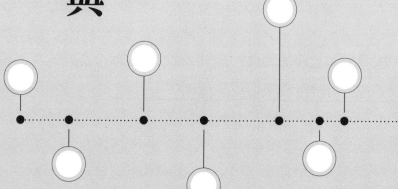

1 擴及歐亞大陸的商業活動

綜觀歷史的大致脈絡

古代的世界經濟，最早起源於亞洲的乾燥地帶，之後逐漸擴展到周邊的濕潤地帶。

東非大裂谷是人類進化的「發源地」（世界史的起源）一說，已經成為公認的說法。之後，人類祖先為了逃離冰河時期的嚴寒，沿著東非大裂谷北上，從大裂谷北邊出口的敘利亞、約旦一帶出發遷往「亞洲廣大的乾燥地帶」，開啟了全新的生活。這一段遷徙過程被稱為「人類旅程」（The Great Journey）。

從東非出發遷往各地居住的人們，大部分都滯留在地中海、西亞、中亞及黃河流域的乾燥地帶，之後才更進一步移居到周邊地區，使經濟發展的範圍愈來愈擴大。

有關經濟發展的途徑，茲列舉如下：

①西亞・埃及（麥類經濟）↓地中海↓歐洲
②印度河流域（麥類經濟）↓恆河流域（稻米經濟）↓孟加拉灣、東南亞（稻米經濟）
③黃河流域（小米經濟）↓長江流域（稻米經濟）↓東海、南海（稻米經濟）

歷史與人生一樣，會在偶然的情況下，接連發生許多意想不到的事件。不過基本上，**世界史的基本脈絡就是「由乾燥地帶前往濕潤地帶」**。

濕潤地帶的農業開發較遲的原因，是由於它並非屬於歷史脈絡的中心，以及植物生長過於茂盛所致。換言之，就是不容易開發。

基於這個原因，日本位處濕潤地帶，要探究由乾燥地帶開始的「世界」，算是處於相當不容易理解的地理位置。

西元前六至前一世紀期間，衍生出四大文明的**大河流域形成了大穀倉地帶，為了使大穀倉地帶的穀物廣泛流通，逐漸形成了某種系統，甚至出現了四大帝國，分別是波斯帝國、印度孔雀王朝、秦漢帝國和羅馬帝國**。

七世紀，繼四大帝國之後的拜占庭帝國（羅馬帝國）、薩珊王朝（波斯帝國）和唐朝也相繼步入衰微，世界進入了既有秩序開始崩解的變動時期。

這段時期，在境內有大片沙漠的阿拉伯半島上，**穆罕默德創立了伊斯蘭教**（約六一〇年）。伊斯蘭教率領阿拉伯遊牧民族以武力征服了地中海南岸、西亞及中亞一帶，形成了廣大的經濟圈。

解讀經濟

埃及、伊拉克、巴基斯坦和中國陝西省，曾是四大文明起源地而繁榮一時，現在卻都淪為經濟待開發區域。俯瞰整個世界史，我們會發現「中心」是經常移動的，「現在」也只是歷史過程中的一部分而已。

遊牧民族時代的到來與商業的大爆發

七至十四世紀，是由遊牧民族的阿拉伯人、土耳其人和蒙古人，相繼透過軍事征服建立歐亞大帝國的時代。英國歷史學家阿諾爾得・湯恩比（Arnold Joseph Toynbee，一八八九至一九七五年）將這段時代稱為「遊牧民族爆發的時代」。

阿拔斯王朝（七五〇至一二五八年）建立了伊斯蘭秩序（伊斯蘭和平）；蒙古帝國（一二〇六至十四世紀中葉）則建立了蒙古治世（蒙古和平），兩者皆成為遊牧帝國的代表。

■世界史的大致脈絡

年代	事件
	人類誕生於非洲 ↓ 四大文明 ↓
西元前六至前一世紀	四大帝國（波斯、孔雀、秦．漢、羅馬） ↓
七至十四世紀 遊牧帝國	「遊牧民族爆發的時代」 ●阿拉伯人（伊斯蘭帝國） ●土耳其人（塞爾柱王朝→鄂圖曼帝國） ●蒙古人（蒙古帝國）
十五世紀中葉至十七世紀	大航海時代
十七至十八世紀	大西洋三角貿易的繁榮
十八世紀後半	工業革命　●美國獨立　●法國大革命
十八至十九世紀	爭奪殖民地
十九世紀	維也納體制
二十世紀	第一次世界大戰 凡爾賽體系 經濟大恐慌 第二次世界大戰 冷戰

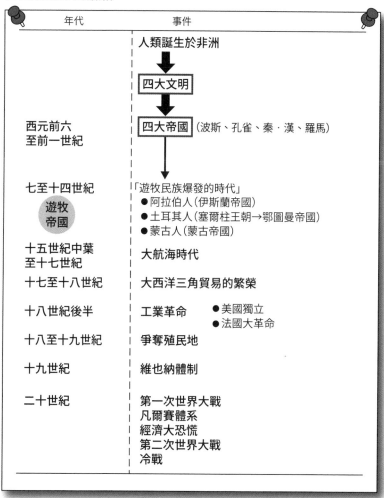

遊牧民族由於缺乏「水源」，無法自行生產穀物，他們必須透過商人購得所需的穀物，因此非常仰賴商人。這時代的**商人非常活躍，也帶動了商業的廣域發展**。

在伊斯蘭帝國時代，商人將「草原絲路」、「絲路」、「海上絲路」合而為一；**在蒙古帝國時代，更進一步連結了中亞的草原地帶和印度洋一帶，造就了歐亞大陸的環狀網絡**（大商業圈）。

因此，印度的砂糖、米和棉花等，中國的羅盤、火藥和印刷術，乃至於中國周遭亞洲海域的資訊，皆傳播到地中海及歐洲地區，為開啟大航海時代打下重要的基礎。

解讀經濟

遊牧民族的財富就是穿戴在身上的飾品及服飾。因此，他們打勝仗後，習慣將作為戰利品的財寶隨身佩帶。他們在征服城市後，大多將統治權委任給定居民，再從中抽取稅收。

伊斯蘭教團的征戰事業

七世紀前半，**伊斯蘭教**是透過駱駝與敘利亞進行商業交易的**商人穆罕默德所創立的一神**

教。教團（烏瑪）成員有兩百餘人，吸引了周邊多數的阿拉伯遊牧部族聚集。

隨著穆罕默德的猝死，教團頓時失去了團結的中心，於是由繼承教團的**哈里發**（意思是穆罕默德的後繼者），在七世紀後半以「吉哈德」（聖戰之意）的宗教名義，透過阿拉伯遊牧民族的軍事力發起了**征戰行動**。

一旦成功征服了廣大的區域，戰利品的五分之一歸哈里發所有，剩餘的部分則由部族之間均分。由於無法務農和生產力低下，征戰是當時遊牧民族的主要事業之一。

教團透過遠征，攻占了拜占庭帝國，掠奪了敘利亞及涵蓋北非的埃及，並消滅薩珊王朝（波斯帝國），建立起從地中海南岸遠至伊朗高原的大帝國（伍麥亞王朝）。

之後，地中海（金幣中心）與西亞（銀幣中心）的經濟因此合而為一，形成了伊斯蘭經濟圈。以唯一的真主阿拉之名被賦予價值的銀幣和金幣，從此流通於廣大的區域（**金銀複本位制**）。

解讀經濟

所謂征戰，是指某共同體以武力統治其他集團的行為。在這個過程中，有時也會形成王國和帝國。如同現在的伊斯蘭國（ＩＳ）一樣，在歐亞大陸的乾燥地帶，橫跨廣大區域的部族征戰歷史不斷地重演。

遜尼派和什葉派之間的爭鬥來自於兩者之間的落差

在伊斯蘭教團醉心於「征戰泡沫」期間，由於征戰而獲得龐大財富的有勢部族、沒獲得利益的劣勢部族，及新加入伊斯蘭教的被征服部族之間，彼此的對立日漸加深。

貧困的部族傾向從伊斯蘭教團的理念（真主之前人人平等、什葉派）中尋求慰藉。從而**產生了重視教團歷來慣例的「遜尼派」，與以穆罕默德的女婿阿里為首，主張改革的「什葉派」**。也就是說，在宗教的名義下（實際原因是各種不平等與落差），伊斯蘭世界陷入分裂的局勢。

不久，掌控敘利亞龐大財富的伍麥亞王朝被推翻（以伍麥亞家族為中心的「富者一派」），獲得波斯人支持的什葉派（穆罕默德之叔父一族，阿拔斯家族）以伊拉克為中心建立了「阿拔斯王朝」。

由於政治的變動，伊斯蘭的首都遷移到伊拉克，促使伊斯蘭經濟的大躍進。

解讀經濟

遜尼派與什葉派之間的對立，是源於征戰事業引起部族間的巨大落差。

印度洋商業的拓展

阿拔斯王朝將經濟的中心從敘利亞轉移到波斯人較多的伊拉克，並在**巴格達**（波斯語意謂「神賜之城」；阿拉伯語稱為「Madinat-As-Salam」，意謂「和平之城」）設置新的首都，建立起與波斯人協同合作的體制（七六二年遷都）。

遷都巴格達的決定，為世界史和世界經濟帶來新氣象。

由於伊斯蘭世界的中心由敘利亞轉移到伊拉克，東地中海、敘利亞的傳統商業圈與波斯商人帶動發展的「海上絲路」、「絲路」、「草原絲路」合而為一，經濟圈因此一舉拓展至歐亞大陸的規模（**中世經濟的全球化**）。

尤其是「季風之洋」印度洋，夏季和冬季季風向會產生周期性變化，在穆斯林商人的開發經營之下，經濟逐漸活絡發展，不久即成長為「地中海第二」。

米、砂糖、檸檬、萊姆、香蕉和棉花等商品，由印度、西亞傳播到地中海沿岸。隨著海運成為經濟的中心，「risk」（風險）一詞，在阿拉伯語的意思為「沒有海圖的航海」，也開始廣泛使用。

開發印度洋的主要理由如下：

①可以利用規律的東、西向季風（Monsoon，阿拉伯語意謂「每年定例的活動」）。

②由於印度半島向南延伸接近赤道，印度洋被夾在非洲和印度半島之間宛如內海。
③周邊存在有多樣的文明。
④由於一艘阿拉伯帆船（dhow）的貨物乘載量可以抵數百頭駱駝，商業規模得以一舉擴大，形成**海陸商業連動**的情勢。

解讀經濟

印度洋在羅馬帝國時代被稱為「厄立特利亞海」，並已經開始進行季風貿易。伊斯蘭帝國則以波斯灣為中心，經由東非、印度，直至東南亞，形成了一個廣大的貿易圈，範圍之廣遠遠超越陸上的貿易路線。

歐洲世界的誕生

巴格達的建立，略早於唐朝的安史之亂（七五五至七六三年）。長安城（唐朝）的衰敗期，幾乎正值巴格達（阿拔斯王朝）的興盛期。

八〇〇年，伊斯蘭勢力持續盤踞於地中海一帶，基督教世界的中心則轉移到阿爾卑斯以北。同年，法蘭克王國（相當於現在的法國、德國）的查理曼大帝以西羅馬皇帝的身分在羅

■透過巴格達使經濟圈擴及歐亞大陸

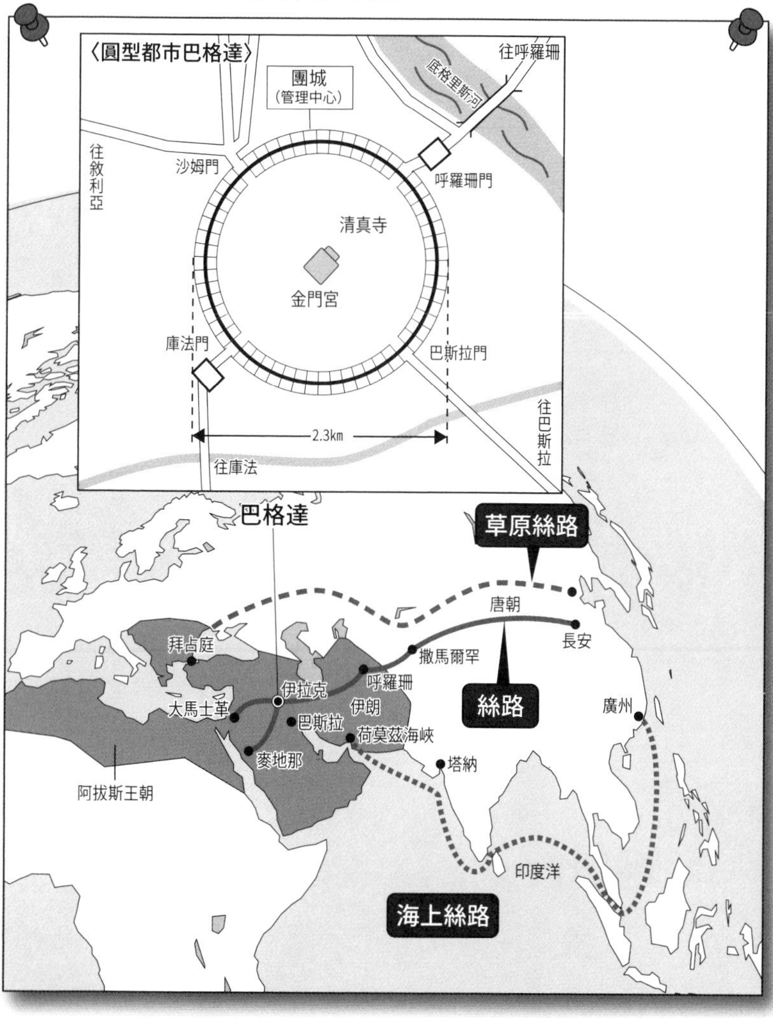

馬接受教宗的加冕。

歷史學界普遍認為，查理曼大帝的加冕開啟了教宗與皇帝聖俗分治的西歐歷史。針對於此，比利時歷史學家亨利·皮雷納（Henri Pirenne，一八六二至一九三五年）曾提出「沒有穆罕默德就沒有查理曼大帝」的見解。

此外，歐洲的寒冷氣候使經濟成長較遲，在巴格達的人口估計多達約一百五十萬人的時期，法蘭克王國首都的亞琛，其人口尚不超過三千人。

歐洲的氣候並不適合農業的發展。以北緯四十五度為例，是位於比日本的北海道還要更北邊的位置，但在歐洲則相當於法國的南部一帶。

解讀經濟

如果把視角侷限在歐洲和中國，就無法全面掌握世界變化的過程。因此當我們預先設定視角在東洋史和西洋史時，將會無法瞭解世界經濟情勢。

Turning Point

5

西元八至九世紀

印度洋的開發使經濟出現爆發性的成長

八至九世紀期間，在阿拔斯王朝的統治下，以印度洋為中心形成了歐亞大陸規模的「海陸商業圈」，歐亞大陸的經濟邁向全新的階段。

2 伊斯蘭經濟的大規模化與十進位制、複式簿記的出現

商業擴張所引發「數字世界」的大變化

商人們生活在「數字的世界」裡，隨著商品交易量的增加，經手的數字也會愈來愈大，使計算變得困難。穆斯林商人大規模的經濟活動，皆仰賴於數字和計算法。這些數字和計算法奠定了現代數學的基礎。

由於經濟活動拓展到廣大的領域，伊斯蘭世界所使用的數字也急遽變大。於是出現了改良自印度數字的阿拉伯數字，阿拉伯數字的普及與「定位法」等計算法的發展，使數學有了長足的進步。

此外，數學公式中使用的等號（＝），即表示商人用於買賣的磅秤達到平衡的狀態。

現在全世界通用的阿拉伯數字和「零」，都是改造自印度數字。八至九世紀期間，伊斯蘭世界把印度數字加以改良創造出「阿拉伯數字」。改良後的阿拉伯數字經由北非傳播到歐

洲。十世紀左右，歐洲才開始使用阿拉伯數字。

解讀經濟

羅馬數字、中文數字與阿拉伯數字的差異，在於有無採用「定位法」。

提升經濟效率的十進法

在阿拉伯數字傳播到歐洲之前，歐洲使用的是羅馬數字，羅馬數字的計數僅限於十隻手指和手掌，由於沒有採用定位法，不適用於複雜且大規模的商業交易運算。因此羅馬數字要表示龐大的數字，會變成一串非常冗長的記號排列。

相對於羅馬數字，採用定位法的阿拉伯數字，使用從0到9的十個記號，無論是什麼樣的數字表記或計算都變得簡單，由於計算過程能夠被保留下來，也很方便進行驗算。

實現上述優點的十進法，對於慣常使用羅馬數字的學者和商人而言，簡直宛如魔法一般不可思議。

解讀經濟

代數學（algebra）的由來，是源於阿拉伯數學家花拉子米的著作中，表示從一邊移項至另一邊的「al jabr」。

源於伊斯蘭的銀行和支票

與風險一詞源自阿拉伯語一樣，銀行業、簿記、會計技術和支票都是從伊斯蘭世界傳播到義大利半島。在伊斯蘭世界和基督教世界交會處進行的地中海貿易，帶動了義大利各都市的繁榮興盛。

英語中表示「銀行」的「bank」，是源於義大利語的「banco」，最早在阿拉伯語中是指兌幣用的桌子。風險的「risk」、支票的「check」、同樣指軍用倉庫和雜誌的「Magazine」等詞彙，最早都是源於阿拉伯語。

在十字軍東征時代，隨行保護前往耶路撒冷的朝聖者的聖殿騎士團，也開始使用通行於伊斯蘭世界的支票。他們保管了朝聖者們的金幣和銀幣，並發行了存單，再依據存單支付金幣和銀幣。與現在的信用卡公司一樣，騎士團在民眾憑存單提取現金時，會收取手續費。

■數字的變化

〈羅馬數字〉

I	II	III	IV	V	VI	VII	VIII	IX	X	XX	XL	L	…
1	2	3	4	5	6	7	8	9	10	20	40	50	…

C	CC	CCC	CD	D	DC	DCC	DCCC	CM	M	MM
100	200	300	400	500	600	700	800	900	1000	2000

例:568的表示法是

500 = D
60 = LX
8 = VIII
→ DLXVIII

〈印度數字、阿拉伯數字〉

●印度

٠ ١ ٢ ٣ ٤ ٥ ٦ ٧ ٨ ٩

●阿拉伯

0 1 2 3 4 5 6 7 8 9

《算數、幾何、比及比例概要》(西元一四九四年)

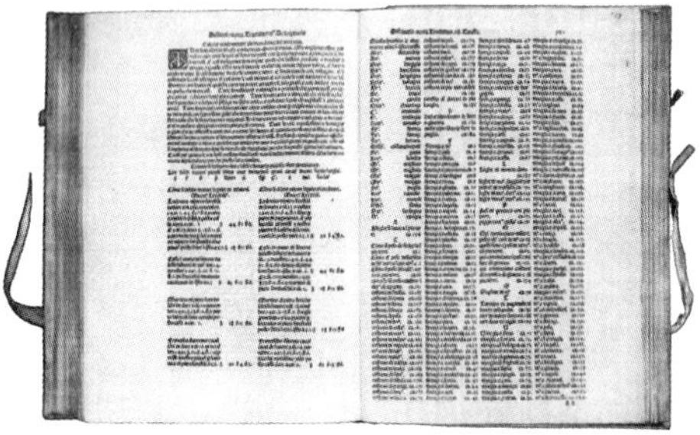

介紹複式簿記論文的最終頁。以借貸交易的記帳作為書的總結。(出自日本專修大學圖書館官網)

(日本專修大學圖書館藏書)

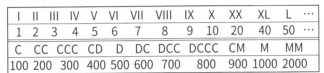

盧卡・帕西奧利與複式簿記

當商業規模愈來愈大，大量的貨幣往來流通後，人們逐漸難以掌握資產的狀況。高齡者容易出現臆想、記憶錯亂和健忘等症狀，這點是古今皆同。

因此，義大利商人從伊斯蘭商人那邊，學到了用於管理資產的複式簿記法。使「借款人」與「貸款人」之間維持平衡的簿記法源於「秤」，這與「以等號為基礎的代數學」是同樣的原理。

文藝復興運動初期，相當於濕壁畫畫家喬托活躍的一三〇〇年左右，簿記法才剛傳到了義大利。直到一三四〇年，熱那亞才普遍採用「**複式簿記**」。

一四九四年，被譽為「複式簿記之父」的數學家盧卡・帕西奧利（Luca Pacidli，一四四五至一五一七年），出版了有關數學和商業數學的入門書《算數、幾何、比及比例概要》。

在這本著作的部分篇幅，帕西奧利以淺顯易懂的方式講述了簿記法。直到十六世紀，透過古騰堡的活字印刷術，這本小冊子才被大量印刷，並被翻譯成荷蘭語、德語、法語和英語。

Turning Point

⑥

西元十世紀～

數字、簿記的進化使經濟漸趨大規模化

阿拉伯數字、匯票、支票和複式簿記等，最早都發展於伊斯蘭社會，之後再經由義大利商人和猶太商人之手傳到歐洲。這些數字表記和計算法的導入，可以說是奠定了經濟趨向大規模化的基礎。

帕西奧利簡述「複式簿記法」的時間點，正好是哥倫布開發大西洋航線，組織了大規模的遠征隊到西印度群島探險（哥倫布第二次遠征）的隔年。

十六世紀，世界商業的中心由地中海轉移至大西洋沿岸，使歐洲的商業規模急遽擴大，邁入了「**商業革命**」的時代。在當時，帕西奧利可以說是為眾人指示了踏上近代商業的明路。

隨著**複式簿記的普及，人們也普遍擁有「資產」、「負債」、「利益」等概念**。對於十六世紀的商人而言，複式簿記堪稱是能夠正確地反映出，自己和他人經營狀況的「魔法之鏡」。

複式簿記再度受到重視的時代，是工業革命以後，重視貨幣增值的資本主義經濟正式發展的時代。

解讀經濟

由於猶太教的《舊約聖經》允許猶太人對外國人收取利息，在伊斯蘭教徒和基督教徒混雜的地中海世界裡，視貨幣為工具的猶太人非常活躍，他們熱中於進行金融、兌幣和匯兌等商業活動。

福格家族是資本主義經濟的先驅

在義大利各都市繁榮發展，北海海域的荷蘭、英國崛起的時期，居中位於德國南部的奧格斯堡的福格家族也十分活躍。

福格家族偶爾會被拿來與佛羅倫斯的銀行家麥第奇家族相比較，在社會還普遍排斥放貸行為的時期，福格家族就已經公然透過金融掌控了整個歐洲。因此，也有人認為福格家族極有可能是猶太裔的商人。

總之，福格家族的商業行為已經遠遠超出當時商人的活動範疇。

福格家族的歷史可追溯到漢斯·福格，他為了從事紡織業，離開了生長的農村移居到奧格斯堡，他從威尼斯收購了許多織布的原料，福格家族的勢力從此逐漸崛起。不久，福格家族的經商領域又拓展到香料貿易（因德國有大量需求）。

十五世紀，福格家族進入由孫輩雅各布二世領導的時代，他更進一步掌控了歐洲的礦產資源，使福格家族的勢力更加壯大。

在一四八五至一四九五年的十年期間，雅各布二世**取得了提洛爾銀礦的優先購買權，以及斯洛伐克的銅山、西利西亞（波蘭）金山的掌控權，同時又擠進比利時的商業中心安特衛普的市場，掌控了正步入貨幣時代歐洲金融的主導權。**

不久，福格家族成為管理教廷財務的御用銀行。雅各布二世為了解決教廷的財政困難，在登上選帝侯（擁有神聖羅馬帝國皇帝的參選資格）地位時，為了回收已貸出的款項，**在德國大肆販售贖罪券（天主教會聲稱買了就可以贖罪的證明書）**，此舉成為日後引發一五一七年宗教改革的契機。

一五一九年，福格家族借給西班牙國王卡洛斯一世選舉資金，供他選上神聖羅馬帝國皇帝（成為查理五世），福格家族更取代熱那亞的銀行對西班牙王室提供巨額的融資。

一五一九年，西班牙王室雇用了葡萄牙籍的航海家**麥哲倫**，當時他們憑著仍然不明確的地理概念，計畫要經由南美洲的最南端，開拓能夠前往摩鹿加群島（生產高價香料）的航線。這也是由福格家族資助這個航海探險事業。

後世都知道，麥哲倫透過這一次的航海探險，發現了太平洋。

如後面所述，由於從新大陸流入了大量的廉價白銀，使德國的銀礦事業無以為繼，加上宗教戰爭中，以西班牙為首的諸侯對軍事費的借款都賴帳不還，福格家族也因此逐漸沒落。

解讀經濟

佛羅倫斯的麥第奇家族將利息稱作兌幣的手續費，保留了借貸者的體面。堂而皇之地借錢給教宗或神聖羅馬帝國的皇帝，是福格家族獨有的作風。

3 伊斯蘭世界的「匯票」與中國的「紙幣」

貨幣不足促進信用經濟的發展

十世紀，隨著商業的廣域化以及大規模化，在西亞和中國的硬幣使用量都有飛躍性的成長。

因此銀幣和銅錢出現極端短缺的情形，人們於是開始大量使用紙製的「匯票」和「紙幣」。人們**賦予紙張「價值」，作為金屬貨幣的替代品，從而開啟了信用經濟**。

在伊斯蘭世界出現了「匯票」；中國則是出現了「紙幣」。

由於商業拓展到歐亞大陸的規模，西方的伊斯蘭世界出現了白銀不足的問題；至於東方的北宋和南宋，貨幣不足的原因則是由於**經濟中心轉移到了長江流域的稻米社會（生產力大於小麥的數十倍）**所致。經濟規模的急速擴張，使銅錢出現供不應求的情形。

解讀經濟

隨著經濟規模的擴大，相較於銀幣（hard money），支票和匯票等信用貨幣（soft money）的比重逐漸增加，這種情形起源於伊斯蘭世界。

「匯票」取代硬幣而廣為使用

在伊斯蘭世界，人們廣泛使用匯票和支票作為銅錢的替代品。**匯票可以被多方運用，之後也被沿用作為歐洲的國債等有價證券。紙幣也是從匯票（票據）演變而來。**

由於阿拔斯王朝（六四頁）的匯票和支票非常普及，巴格達發行的支票在非洲北部摩洛哥甚至可以充當現金使用。匯票是從波斯沿用而來，透過商人的「信用」保證它的價值，作用等同於金幣和銀幣。

商人們深知**「信用」是經濟的基礎**。在伊斯蘭教的宗教戒律下，商人們非常注重維護匯票的信用。如果失去信用，由「虛擬的銀幣」匯票所建構的貨幣體制就會一舉崩潰。

這一套信用經濟制度，經由地中海、義大利半島傳播到歐洲。英語用於表示「借款」的credit，是源於拉丁語的credo（意謂「我相信」），可以看出金錢借貸與信用之間的密切關係。

此外，巴格達到摩洛哥之間的距離，比巴格達到唐朝長安的距離還要更遠，由此可知，阿拔斯王朝建立了一個擴及歐亞規模的信用經濟體制。

解讀經濟

相對於開立支票時必須準備相應的資金，匯票則完全憑藉匯款人的信用，即使沒有相應的資金做擔保，只要在指定的日期之前支付款項就可以。不過，如果在該日期之前無法湊齊資金，其匯票就會被「拒付」，該商人的社會信用就會一落千丈。

中國出現世界最早的「紙幣」！

到了北宋時代（九六〇至一一二七年），只要江南的稻米大豐收，整個中國的糧食就不虞匱乏。江南的開發使中國的經濟規模大為拓展。因此，銅產量稀少的北宋，出現了硬幣嚴重不足的問題。

四川位處中國偏僻內陸，為了替代銅錢開始使用笨重的鐵錢。不過，笨重又價值低廉的鐵錢，並不適用於高額的交易。

Turning Point

⑦

西元十一世紀

世界最早的「紙幣」起源在四川

十一世紀，中國北宋的四川發行了世界最早的紙幣「交子」。由蒙古人創立的元朝，是第一個全面禁止鑄造銅錢，僅允許紙幣（交鈔）作為國內唯一流通貨幣的王朝。

因此，四川的金融業者，常用一種稱為「**交子**」的匯票取代鐵錢。

宋朝朝廷注意到「交子」的便利性，利用紛爭從商人手中奪得「交子」的發行權，以手中現有的鐵錢為本，**將「交子」以紙幣（虛擬的鐵錢）的形式發行。這是世界最早的紙幣**。

到了十三世紀，元朝朝廷下令全面禁用銅錢，**貨幣一律採用稱為「交鈔」的紙幣**。站在征服者的立場，可以簡單製造又利潤大的紙幣非常方便。

威尼斯商人出身的馬可波羅，當時身為忽必烈的官員，由於沒有見過紙幣，他在著作《東方見聞錄》中，曾對紙幣這種巧妙且合法的掠奪手段大感佩服。

元朝滅亡後，「交鈔」變成一堆毫無價值的廢紙。由於紙幣只是兌換物品的「交換證」，發行端一旦瓦解，紙幣當然也就變得毫無價值。

當時，由於元朝僅允許紙幣流通，大量的銅錢僅被當作金屬材料使用，日本的堺和博多商人曾利用這些銅錢賺取了財富。

解讀經濟

一六六一年，瑞典民營的斯德哥爾摩銀行發行的紙幣是歐洲最古老的紙幣。七年後該銀行破產被收歸國營，成為歐洲最早的中央銀行。

4 地緣政治學使蒙古成為超級帝國

生於大草原的大帝國

蒙古高原的自然環境條件非常惡劣，乾燥、冬天酷寒、烈風摧殘，與阿拉伯半島不相上下。到了十三世紀，穆斯林商人也開始進入蒙古高原，與遊牧民族的蒙古人做生意。

蒙古人與穆斯林商人接觸後，瞭解到世界的變化情勢，之後相繼征服了因土耳其人的侵略而混亂不堪的伊斯蘭世界、森林之國俄羅斯和中國，建立了超級帝國「蒙古帝國」，統治的疆土擴及世界陸地面積的四分之一。

中亞橫跨東西八千公里的大草原為歐亞大陸的主幹，意思是只要利用馬匹就可以統治一大半的歐亞大陸，就這點來講，蒙古擁有絕佳的地理條件。

最近很流行研究「地緣政治學」，如果從「地緣政治學」的角度來思考蒙古帝國的崛起，應該更能幫助理解。

成吉思汗（一一〇六至一二二七年在位）在幼年時期父親慘遭毒殺，之後歷經千辛萬苦，直到四十五歲終於統一了整個蒙古高原。

在成吉思汗出現之前，蒙古的各部族各自為政，不定期會召開族長的集會（Quriltai）推選出領導者，或是共同決定征服活動的計畫，完全是以部族為中心的世界。

出身於嚴峻環境的成吉思汗，在不斷的征戰中，革新了蒙古傳統的社會體制，建立了**集權的千戶制**。

依據「千戶制」所組織的堅實軍團，將看似孱弱的「蒙古馬」所組成的騎馬軍團，轉變成為翻轉世界史的龐大軍事勢力。從日本的大相撲可以證實，蒙古人的體力的確非常強悍。

在遊牧世界，「征服」就是最大的事業。因此，蒙古帝國的成立，使龐大的財富開始在歐亞大陸流通循環。

解讀經濟

蒙古帝國運用遊牧式的統治原理，以懷柔的方式統合了既有的地方勢力，進而組織成一個大帝國。蒙古帝國之於經濟史的意義，在於它連結、統整了廣大的區域和積極獎勵商業活動。在蒙古帝國，穆斯林商團被稱為「斡魯脫克」（Ortogh），他們擁有特權，與蒙古人共同經營了大規模的海陸商圈。

忽必烈的歐亞大陸事業

蒙古的騎馬軍團以「掠奪是最大的事業」為宗旨，在各地進行大規模的掠奪行動。這一連串的掠奪行動，最終造就了由蒙古帝國推動歐亞大陸經濟的「蒙古和平」（Pax Mongolica）時代。

第五代可汗忽必烈（一二六〇至一二九四年在位），在一二七九年滅掉了苟延殘喘的南宋，將整個中國收歸於蒙古帝國。**因此，伊斯蘭經濟圈和中國經濟圈在蒙古帝國的統治下統合為一**。

忽必烈是一位戰略家，他建立了連結「海上世界」（連結波斯灣及中國沿海地區）與「陸地世界」（草原絲路）橫跨歐亞大陸的大商圈，其中也含括自己建設的政治經濟都市「大都」（現在的北京）。

現在中國政府提倡的「一帶一路」（四〇六頁）政策，可以說是仿照征服者忽必烈放眼歐亞大陸的商業戰略。

由於歐亞大陸的海陸「幹線」是結合「草原絲路」與「海上絲路」，這段時期可以說是**經濟範圍大幅擴張的經濟飛躍期**。

熱那亞和威尼斯等義大利商人，也紛紛經由陸路和海路加入蒙古商業圈，不計其數的

「不知名的馬可波羅」在歐亞大陸各地進行交易並賺取了財富。這些財富為大商人們華麗的文藝復興運動提供了重要的基礎。

解讀經濟

海路有面向台灣海峽的「泉州」和位於波斯灣口的「荷莫茲」；陸路則有「大都」和伊朗的「大不利茲」，這兩個港口和都市分別成為歐亞大陸經濟的據點。

「一帶一路」的起源

大都位於蒙古高原與中國的連接點，**大不利茲**則是位於伊朗西北部的「草原絲路」要衝的新興都市，這兩個都市是歐亞大陸商圈（由蒙古人建立）的兩大中心。

忽必烈在蒙古高原進入中國的入口處，耗費了二十五年的歲月，打造了極具中國風的帝都「大都」（周長二八．六公里，土耳其語是Khanbaliq，意謂帝都），大都不僅是元帝國的首都，也是歐亞大陸的經濟中心。

在歐亞大陸經濟的全盛時期，世界史上正式出現了北京的名字。

■蒙古帝國與義大利商人攜手建立了歐亞大陸的經濟圈

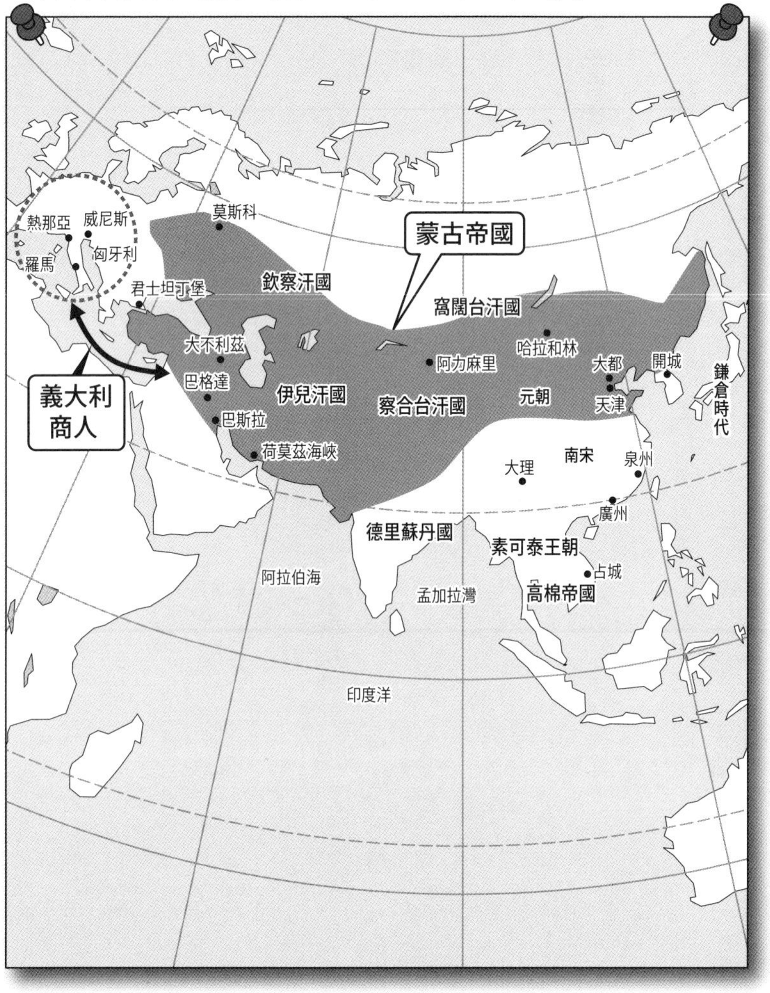

開通流入天津的白河到北京的通惠河之間的閘門式運河後，渤海與北京就能透過水路相互連結。建設在北京的積水潭北岸的斜外市港，曾經是連結南海和印度洋商路的國際港。

馬可波羅的《東方見聞錄》中，曾提到北京的情境，「這座城市引進海外價格高昂的珍奇之物，以及各式百貨，世上沒有任何城市能夠與其媲美」、「在大都周邊，林立了兩千多座的城市，其他城市的人會來大都賣東西，也會買一些必需品回去」。

解讀經濟

現在中國推動的「一帶一路」，以及「珍珠鏈戰略」（string of pearls，從香港經由東南亞、印度及阿拉伯半島，直到非洲東岸的海路），都是以國境經常變化的蒙古帝國的歐亞大陸「環狀網絡」為基礎，作為稱霸歐亞大陸所擬定的二十一世紀政策。

維繫至今的亞洲強權國家

蒙古帝國瓦解後，歐亞大陸各地紛紛重新建立了「區域性的蒙古帝國」（遊牧帝國），這些區域性的帝國一直延續到了十九、二十世紀。之後便隨著俄羅斯帝國和大清帝國勢力的

Turning Point

8

西元十三世紀

歐亞大陸經濟圈的成立
促進東西文明的交流

蒙古帝國的環狀網絡連結了「草原絲路」和「海上絲路」，使歐亞大陸合而為一，促成了東西文明的頻繁交流，中華文明也因此傳播到了歐洲，奠定了之後「大航海時代」的基礎。

擴張，中亞的遊牧世界才逐漸被這兩大勢力瓜分殆盡。

遊牧民族的時代宣告結束後，**俄羅斯征服了西伯利亞**，**大清帝國統治了中國及其廣大周邊區域**，**兩者皆成為亞洲的大草原地帶和森林地帶的強國**。

十九至二十世紀初，「區域性的蒙古帝國」雖然被英國等歐洲勢力利用內部的對立和糾紛所滅，但是深入各地的遊牧帝國結構並沒有從此瓦解。現在的俄羅斯、中國和西亞，依然深刻地沿襲了軍事優勢的強權國家遺風。

攤開十八世紀初的歷史地圖，就可以一目了然「區域性的蒙古帝國」的並存局勢。這些「區域性的蒙古帝國」分別是下列四個帝國：

①由土耳其人統治的**鄂圖曼帝國**與②**蒙兀兒帝國**
③遊牧女真人（滿洲人）的**大清帝國**
④統合了北方大森林地帶的**俄羅斯帝國**

清朝是由滿洲遊牧民族女真人（與蒙古人處於對立關係）所建立的「區域性的蒙古帝國」，俄羅斯帝國的軍隊則以土耳其裔的哥薩克為主力。因此，大致上來講，土耳其人和女真人的勢力取代了蒙古人，這兩股勢力幾乎占據了整個亞洲世界。

遊牧民族統治廣大區域的祕訣，在於繼承了強大的軍事力。

Turning Point

9 遊牧帝國的強權統治作風

西元十四世紀至現代

在亞洲，土耳其人、俄羅斯人和女真人（滿人）各自重新建立了「區域性的蒙古帝國」。這些帝國後來雖然滅亡，但是支撐其帝國的強權統治作風，卻仍然被承襲至今。

在英國成為世界的中心，各帝國都被征服之後，處於衰微的俄羅斯和中國陸續採納了社會主義，但社會主義卻全然變質並喪失了改革的能量，傳統的強權體制也因此復活。

第二次世界大戰後出現的「民族獨立」和「社會主義」，一度被認為會帶給歐亞大陸舊世界煥然一新的轉變，不過，在美國發生雷曼兄弟事件後，歐美的勢力明顯衰退，歐亞大陸開始出現急速回歸傳統社會的趨勢，而在西亞、中國和朝鮮半島等區域，也都回復為古風盎然的社會型態。

解讀經濟

俄國革命的領導者列寧所提倡共產黨的「民主集中制」，是融合社會主義與亞洲傳統的軍事強權統治。因此，社會主義可以說是相當見容於亞洲的傳統社會。

第2章

因大航海時代而繁榮的歐洲經濟

1 始於海洋的資本主義經濟

大航海時代與世界經濟的轉換

當人們開始拓展大西洋的航線後，世界史就進入了「**大航海時代**」。

葡萄牙航海家亨利王子開啟非洲西岸的探險事業後，大西洋的風系和海流逐漸明朗化。一四九二年，哥倫布發現了橫越大西洋的航線，航線的開發便有了飛躍性的發展。

當開發了繞經非洲大陸最南端好望角的航線，以及美洲大陸南端的麥哲倫海峽後，占據地表面積百分之七十的廣大海洋終得相連，**一直以來以歐亞大陸（陸地）為中心的經濟，透過三大洋（大西洋、印度洋和太平洋）的互通，經濟規模得以擴張連結至五大洲**。

由於帆船的運送能力遠大於駱駝和馬匹，商業規模也一舉擴大，使得歐洲的經濟有大幅的成長。

此外，西班牙、荷蘭和英國將大西洋海域視為「私海」以進行商業拓展，在征服了美洲大陸的諸文明後，進而大舉移民，並透過經營大農場（種植業）和開發銀礦等事業，獲得了諸多的經濟資源，逐漸將新大陸變成「第二個歐洲」。

如果以海洋為中心來概觀世界史，可以歸納如下：

①**「古代之海」地中海**造就了羅馬帝國（商業帝國），

②**「伊斯蘭之海」印度洋**成就了伊斯蘭商圈，

③**「歐洲之海」大西洋**催生出近代的世界資本主義。

④占據地表面積三分之一的**太平洋，是連結亞洲與新大陸的「二十一世紀之海」**，接下來將進入亞洲經濟躍進的時代。

在大航海時代，開始對位於歐亞大陸西陲尚未被開發的大西洋，進行商業開發，為嶄新的經濟結構，也就是資本主義的誕生提供了絕好契機。

大西洋的歷史造就了十九世紀後半的英國大經濟圈（掌控了世界的四分之一），接著由美利堅合眾國繼承了英國的繁盛榮景（三一二頁）。

解讀經濟

我們必須先除去對於現今世界地圖的印象，才能來思考大航海時代的大西洋。大西洋和新大陸與地中海或印度洋並不同，周邊幾乎沒有其他的文明，堪稱是名符其實的邊境。因此，歐洲的商人只能在這裡創造出「人為」的經濟體系。

衍生於寒冷地與暑熱地的經濟

在大航海時代，歐洲的經濟加入了新空間——大西洋。**率先邁向海洋開創出新時代的是，人口約一百萬人的小國葡萄牙。**

進入大航海時代以後，世界的經濟由「歐亞大陸的海陸經濟」時代轉變至「三大洋連結五大洲經濟」的時代。

在十七、十八世紀時，一直以來不怎麼起眼的歐洲，能夠大幅成長為主導世界經濟的強大勢力，要歸功於大西洋和新大陸的存在。

十九世紀，海洋帝國英國掌控了世界的四分之一，與英國相互比較，大蒙古帝國也要相形見絀。

歷史資歷尚淺的大西洋，需要發展出全新的產業和商業。不過，大西洋也擁有利於發展

■連結全球的「海洋世界」

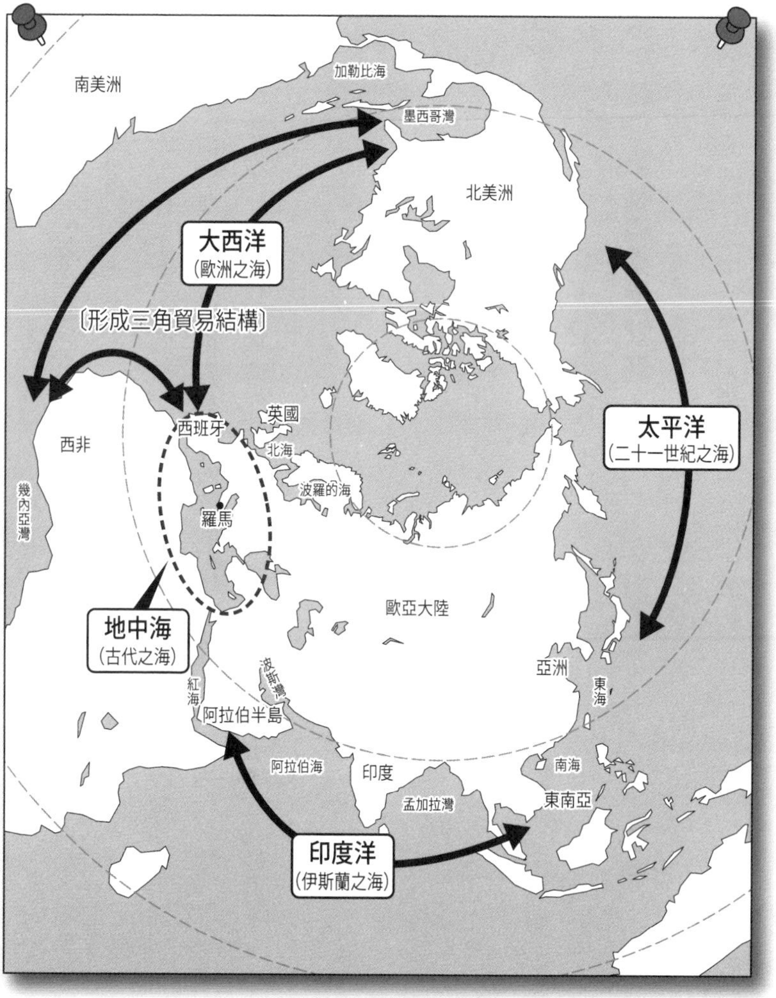
南美洲
加勒比海
墨西哥灣
北美洲
大西洋
(歐洲之海)
〔形成三角貿易結構〕
英國
西班牙
北海
西非
波羅的海
幾內亞灣
羅馬
太平洋
(二十一世紀之海)
歐亞大陸
地中海
(古代之海)
亞洲
東海
波斯灣
紅海
阿拉伯半島
阿拉伯海
印度
南海
孟加拉灣
東南亞
印度洋
(伊斯蘭之海)

商業的條件。

如果將物資缺乏的寒冷歐洲市場，與亞熱帶的加勒比海、非洲順利地結合起來，就可以衍生出巨大的財富。

砂糖和棉花等作物成為大西洋經濟的熱門作物，作為勞動力的奴隸在新大陸大規模地種植這些作物（種植業），之後再大量銷往歐洲的市場。

砂糖和棉花造就出「貨幣增值的經濟」，也就是逐漸發展出資本主義經濟。

解讀經濟

所謂大西洋貿易，指的是「世界第二大內海」加勒比海（第一大內海是地中海）與中繼據點加那利群島之間的交易活動。連結大西洋季風海域的北海周邊區域（荷蘭、英國）變成了歐洲經濟的新中心。

資本主義經濟簡單來講就是？

在大西洋區域衍生出一種新經濟體制「資本主義」。

簡單來講，資本主義就是以土地和勞動力的商品化為基礎，**「運用貨幣賺取最大利潤的貨幣自我增值結構」**。

不過，先決條件是，需要商業的廣域化和大規模化。

歐亞大陸的經濟是以自給自足的農業和畜牧業為基礎，再以軍事力去奪取土地或家畜來增加財富。不過，**位處邊境的大西洋，則必須自行製造和行銷商品，他們是以大量栽培砂糖等經濟作物的「種植業」作為經濟的基礎**。

大航海時代以後，有很長一段時間，世界處於歐亞大陸的傳統經濟，與大西洋世界的資本主義經濟兩者並存的狀態。直到十九世紀，資本主義經濟利用鐵路、蒸汽船和電報，一下子就遙遙領先了歐亞大陸的傳統經濟。

在大航海時代以後，歐洲的經濟中心由連結歐亞大陸的威尼斯和熱那亞等義大利北部的各個都市，轉移到了連結大西洋低地國（歐洲西北部的沿海地區）的安特衛普和阿姆斯特丹。這一大規模的經濟變動被稱為**「商業革命」**。

解讀經濟

透過貨幣運作的資本主義經濟之所以會出現於大西洋周邊，是因為歐洲外緣的新興社會就是在大西洋周邊成立的。從歐洲的角度來看，大西洋是特定人士活動的境外之地。

白人集團的殖民地統治

西班牙和葡萄牙在「收復失地運動」（復國運動，基督教徒從伊斯蘭教徒手中奪回土地的一連串行動）期間建國，他們都是保守的天主教國家，滿心懷有「天主教徒以外皆非人哉」的偏見思想。

基於這種偏見，墨西哥以南的美洲大陸均淪為西班牙和葡萄牙的殖民地，原住民被當作像奴隸一樣使喚。這很明顯是大航海時代的黑暗面。

一四九四年，西班牙和葡萄牙基於陸地的邏輯思維簽訂了《托爾德西里亞斯條約》，將大西洋的海權分割為東西兩個勢力圈。相對於此，後發國的荷蘭和英國卻主張海洋的公共性，視海洋為「公海」，算是維護了發展「海洋經濟」的舞台。

不過，荷蘭和英國卻與西班牙和葡萄牙一樣，對殖民地的原住民有所歧視，**北美洲、澳**

Turning Point

10

西元十六世紀

經濟中心轉移到低地國（歐洲西北部的沿海地區）

大航海時代以後，歐洲的商業由於加入了發展出資本主義經濟的大西洋而急速成長。經濟的中心也由位於地中海的義大利北部的各個都市，轉移到了大西洋沿岸的安特衛普和阿姆斯特丹（商業革命）。

洲和非洲等地，都淪為由「白人集團」所統治的殖民地。

大航海時代以後，歐洲諸國將亞洲的傳統農業社會，以及美洲、非洲和大洋洲的原住民社會變做殖民地，其中以繼承了維京人歷史的英國最占優勢。

解讀經濟

殖民地的原意是指集團的移居地或開拓地。在大航海時代以後，變成了「屬地」和「領土」的意思。十九世紀後半，出現了全球性的殖民地體制，歐美強國統治了世界大部分的土地。歷經兩次世界大戰後，歐洲走向沒落，取而代之的是由美國主導的全球一體化體系，殖民地逐漸不復存在。

2 大規模交流「植物」的時代

開啟「植物」的廣大交流

美國歷史學家阿爾弗雷德・克羅斯比把引發了生態系變動的「新大陸」與「舊大陸」之間大規模的動植物交流活動，稱為**「哥倫布交換」（Columbian Exchange）**。

在大航海時代，從「新大陸」傳播到「舊大陸」的植物有：玉米、馬鈴薯、番薯、樹薯、南瓜、番茄、青椒、辣椒、菜豆、花生、榨油用的向日葵、可可、香草、鳳梨、酪梨和木瓜等植物。這些作物的移植、大規模生產和商業交易促進了世界經濟的成長。舊大陸的植物也透過新大陸的種植業而大規模生產，整個地球的生態因此產生了莫大的變化。

北歐與「窮人的麵包」

在貧瘠的土地或寒冷的地區也能夠生長的新大陸（北美、南美洲）玉米和馬鈴薯被傳播到歐洲，番薯被傳播到東亞，樹薯（根的澱粉可製成粉圓）則被傳播到了非洲，這些作物在各個地區都被當成主要糧食，為當地人民的安定生活貢獻良多。

印加帝國的**馬鈴薯**生長於安地斯山脈海拔兩千至三千五百公尺的涼冷高地，對北歐經濟的成長貢獻尤大。

一開始，歐洲並不瞭解馬鈴薯的可食性，由於馬鈴薯的芽有毒而誤認為馬鈴薯對人體有害，或是認為馬鈴薯是豬在吃的食物，而不是人在吃的東西。

不過，由於歐洲的氣候嚴寒，受到冰河侵蝕的土地貧瘠不堪，歐洲人逐漸瞭解到馬鈴薯是適合在歐洲生長的作物，在德國和北歐，馬鈴薯都被當作是「窮人的麵包」而逐漸普及。

歐洲人也開始針對口味清淡的馬鈴薯研發出各式各樣的調理方法。

英國研發出代表性的馬鈴薯料理，以油炸的馬鈴薯搭配鱈魚或鰈魚等低價便宜的魚類組合成「炸魚薯條」。

一八八〇年代問世的美味「炸魚薯條」，以倫敦為中心風靡到全英國。一九一〇年，全英國有多達兩萬五千間店販售「炸魚薯條」。

原本被當作肥料的大量魚類透過蒸汽動力拖網漁船捕獲，被拿來與馬鈴薯一同做成料理，出現在普羅大眾的餐桌上。

「炸魚薯條」使用英國馬鈴薯產量的一成，和英國漁獲量的百分之二十至二十五製成。

當時的英國大眾除了「炸魚薯條」外，不大會吃魚這種食材，因此，馬鈴薯確實為英國大眾的飲食生活帶來了重大的改變。

解讀經濟

中世紀歐洲位處高緯度地帶，是經濟發展的後進區域。大航海時代也與維京人的活動一樣，在經濟背景上，同樣都有不得不向外部尋求發展的劣勢。

由歐洲人改造的「新大陸」

另一方面，歐洲的麥類、羊、牛和馬也被帶到新大陸。受到種植業（一一二頁）普及的影響，「新大陸」的經濟變化要比「舊大陸」來得劇烈。

當時，新大陸絕大多數的原住民都染上「舊大陸」所帶來的天花（疱瘡）而殞命。

人們在新大陸廣大的土地上，大量種植歐洲人所需的「舊大陸」作物，也大規模培育和放養各種家畜。經過漫長的時間，新大陸逐漸被改造成為生產基地，專門生產歐洲人所需的原料和食材。

無法生長於歐洲的亞熱帶植物，大量種植在「新大陸」上作為經濟作物。現在居住於巴西或加勒比海的大多數黑人，他們的祖先都是當時為了生產砂糖，經由奴隸貿易從非洲被販賣到當地的黑人奴隸。美國南部的黑人，他們的祖先則是為了栽植棉花而被販賣到美國。

隨著不斷生產甘蔗（原產於新幾內亞）、棉花和菸草等能夠賺取諸多利益的經濟作物，大規模生產經濟作物的農場**（種植業）**也逐漸普及，資本主義式的農業也有長足的發展。

解讀經濟

所謂種植業，指的是在十七、十八世紀的殖民地時期，在熱帶和亞熱帶的廣大農地投入大量的資金，藉以栽培能夠產生大量財富的砂糖等作物的大規模農園。

Turning Point

11

西元十七世紀

種植業影響了資本主義經濟的形成

大航海時代後，大西洋變成「商業海洋」，種植業逐漸普及，大量生產甘蔗、棉花等經濟作物銷往歐洲市場。

3

世界由「新大陸」的白銀所串聯

最早的世界通用貨幣「西班牙銀圓」

十六世紀後半，產於新大陸的大量廉價白銀，不僅緩和西亞和中國貨幣不足的問題，甚至還引發了全球性的通貨膨脹，活絡了世界經濟。

一五四五年，西班牙人開發印加帝國原先放棄開採的**「波托西銀山」**（玻利維亞），之後便成為世界產量第一的銀礦產地。

波托西是在高地建立的礦山城市，由於當時有許多印第安人聚集到波托西採礦，在二十至三十年間，該市的成長至足以媲美當時歐洲最大的城市巴黎。

墨西哥也對「薩卡特卡斯」等巨大的銀礦山進行開發。一五五六年，隨著混汞法的運用，即使是低品位礦石也能夠被精煉，白銀的產量因此大為激增。十六世紀後半至十七世紀期間，產於新大陸的大量白銀流通到了全世界。

一五三五年，處於鼎盛期的西班牙為了更有效率地運送新大陸的白銀，便在墨西哥設置鑄造所，以新大陸的白銀為原料，開始鑄造大型銀幣，其價值等同於八個西班牙里爾銀幣（里爾〔Real〕是「王朝」、「王立」的意思），其銀幣直徑四公分，重約二十七克。

由於是在西班牙鑄造的，一般稱做**「西班牙銀圓」**，墨西哥獨立後，就稱做「墨西哥銀圓」。

十三世紀以後，歐洲隨著經濟的成長，由佛羅倫斯所鑄造的良質「弗羅林金幣」變成了標準的金幣，不過卻因為黃金產量不足而供不應求。因此，在波希米亞（現在的捷克）的 Sankt Joachimsthal（現在的亞希莫夫，「thal」是「谷」的意思）所鑄造的大型銀幣「塔勒銀幣」（與弗羅林金幣等值），就取代了弗羅林金幣被廣為使用。

十六世紀以後的數百年間，良質的塔勒銀幣一直都是歐洲的標準通用貨幣。因此塔勒也成為一般銀幣的 dollar 的語源。在荷蘭，塔勒被稱為 Daalder，英格蘭則稱為 dollar。由此可知，塔勒銀幣在荷蘭和英格蘭都廣為流通。

十六世紀，西班牙在墨西哥鑄造所大量鑄造的良質銀幣（純度約百分之九十）「西班牙銀圓」（墨西哥銀圓）開始大量流通全世界。**西班牙銀圓不只在歐洲流通，在「新大陸」和亞洲也都廣為流通，逐漸成為通行全世界的銀幣（世界通用貨幣）**。

當時從未出現過流通全世界的銀幣，在西班牙銀圓出現後，才有所謂的世界通用貨幣。

直到二十世紀初為止，西班牙銀圓累計發行了高達三十五億五千萬元（dollar）的驚人數量。

一七八三年，脫離英國獨立的美國，沒有採用英國的英鎊，而是以西班牙銀圓為範本鑄造出 US Dollar 作為通用貨幣。

美國的美元也繼承了西班牙銀圓（墨西哥銀圓）。在獨立後的一七九四年，美國鑄造出最早的「一美元銀幣」。

二〇一三年，在某場拍賣會上出現一美元銀幣，價值居然高達一千萬美元以上。當時的英國曾苦於銀幣不足的問題，美國則以墨西哥銀圓為範本，鑄造了美元銀幣。

在西班牙國內 dollar 被稱做「披索」，墨西哥、古巴、阿根廷和菲律賓等國，至今仍然使用「披索」這個貨幣單位。

多數的西班牙銀圓（墨西哥銀圓）透過馬尼拉郵船貿易（一二〇頁）流向馬尼拉，然後輾轉流向明帝國。由於西班牙銀圓是圓形的，中國把它稱為**「圓銀」**或者是「墨銀」（墨西哥的銀）。

由於「圓」是比較難的漢字，中國於是以同音的「元」字做替換，日本之後也以「圓」（円）作為貨幣單位。韓國的「韓元」（won）寫成日文漢字就是「圓」。亞洲的通用貨幣円、元和韓元，都是從西班牙銀圓衍生而來的。

Turning Point

12

西元十六世紀

在墨西哥製造的銀幣成為當時唯一的世界通用貨幣

西班牙在墨西哥所鑄造的銀幣，最後成為世界通用貨幣廣為流通全世界。脫離英國獨立的美國，沒有採用英鎊，而是以「西班牙銀圓」（墨西哥銀圓）作為國家的貨幣。西班牙銀圓領先英鎊一步，成為「最早的世界通用貨幣」。

由此可確知，西班牙銀圓（墨西哥銀圓）是銀幣時代唯一的世界通用貨幣（二一九頁圖）。從這點來看，英國（或是支撐英國財政的猶太商人）居然能夠將以銀幣為本的貨幣體制，轉換為以金幣為本位的紙幣體制，可見其能力之強大。

解讀經濟

二〇一五年，目前在全球的外滙儲備中，美元占比約百分之六十三・八，歐元約占百分之二十・五，日圓占百分之三・八，英鎊則占百分之四・七。由於受到管理浮動匯率制度抑制價格波幅的影響，人民幣僅占比百分之一而已。

白銀的大量流入引發了歐洲的物價革命

在「大航海時代」以前，德國南部出產的白銀占據了歐洲白銀的一大半，年產量約三萬公斤左右。

不過，到了十六世紀後半，從美洲大陸的殖民地所流入的西班牙白銀，一年可超過二十萬公斤。這些白銀又是西班牙利用從前印加帝國的徭役制度（強制勞動制度）去壓榨勞力所得，因此價格非常便宜。

十六世紀末，從美洲大陸運往歐洲的輸出品中，據說有百分之九十五都是白銀。

十六世紀後半，歐洲在宗教改革後進入宗教戰爭的時代。西班牙從新大陸得來的大量白銀，有八成都投入於宗教戰爭的軍事費，拿來雇用傭兵。

但是這些白銀仍然不敷使用，西班牙經常陷入無法履行債務的窘境。

新大陸的白銀逐漸大量流通於歐洲，在一百年間，銀價跌到僅剩原價的三分之一左右，引發了長期的通貨膨脹（**物價革命**）。

歐洲一直以來都過著物價穩定的生活，隨著資產價值陷入持續性的低迷，歐洲於是進入工商業者活躍發展的時代（通貨膨脹的世紀）。

南德的銀山事業，在價格競爭中失利而黯然退場。南德大礦業資本家福格家族（八一頁）執掌歐洲經濟的時代也宣告結束。在亞洲的貿易，也變成需要仰賴新大陸產的白銀。

解讀經濟

西班牙將國家收入的七成耗費在宗教戰爭上，還經常出現無法履行債務的窘境。在腓力四世的時代（十七世紀初），甚至背負了大於年收入八倍的債務。因此，借貸巨款給西班牙的熱那亞等義大利諸城市，也都被拖累而走向沒落。

亞洲的淘銀浪潮

葡萄牙將美洲大陸廉價的白銀輸出到西亞、印度及中國，並以有利的條件與這些國家進行貿易。十六世紀的日本隨著石見銀山的開發，成為數一數二的產銀國家，銀產量占全世界的三分之一。葡萄牙人於是也利用日本的白銀與中國進行貿易。

十六世紀後半，西班牙開始在墨西哥太平洋沿岸的良港阿卡普爾科與菲律賓的馬尼拉之間，進行定期往返的**「馬尼拉郵船貿易」**（使用大型的蓋倫帆船），美洲大陸三分之一的廉價白銀（墨西哥銀圓）因此流向亞洲。當時，亞洲的白銀相當高價，和廉價的新大陸白銀相比得以擁有三倍的購買力。

明朝福建地區的商人，為了求取廉價的白銀，越過了台灣海峽前往馬尼拉，透過絹、陶

■歐洲小麥價格的走勢(左刻度為將100升小麥的價格換算成白銀的重量〔克〕)

■新大陸流向歐洲的白銀量(右刻度)

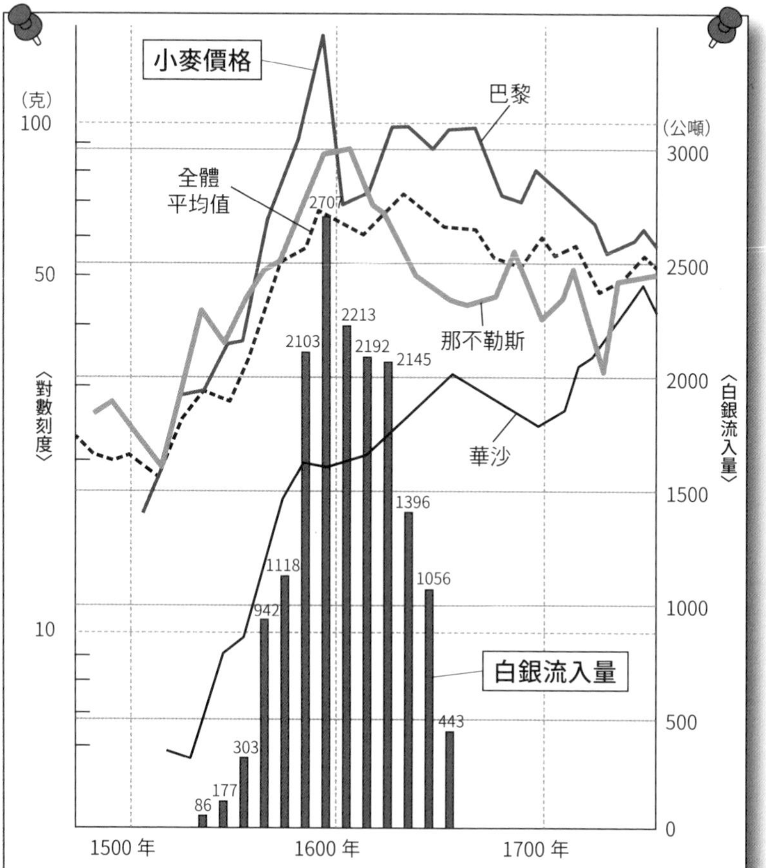

參考《新版西洋經濟史》(日本有斐閣出版)等書製作。

瓷器等物產交換白銀。

明朝的物產從馬尼拉隨著黑潮北上到日本沿岸，再由三陸沖海域順著西風帶被運送到墨西哥的阿卡普爾科。之後，再橫渡加勒比海和大西洋被運送到歐洲。墨西哥銀圓建立了連結太平洋、加勒比海和大西洋的全球貿易。

解讀經濟

新大陸的白銀，有東向（葡萄牙人的貿易）和西向（西班牙人的貿易）兩條途徑，它是最早使諸多區域的經濟連結為一體的先例。

將新大陸的白銀用於徵稅的明帝國

連結了印度洋、太平洋和大西洋的流動白銀，為中國帶來了大量的白銀。宋朝以後，中國面臨嚴重的銅錢不足問題，只得勉強以紙幣（交子、交鈔）取代銅錢來暫時緩解。大量白銀的流入正是及時雨。

明朝的徵稅（以重量交易）開始以白銀作為商品來取代歷來的銅錢。銀幣使得歐洲的貨

Turning Point

13

西元十六世紀末

大量的白銀成就了明朝的統治

十六世紀後半至十七世紀期間，新大陸的白銀大量流入歐洲，造成了長期的通貨膨脹（物價革命）。東亞也由於石見銀山的白銀，以及透過馬尼拉郵船貿易所帶來大量的新大陸白銀，引發了淘銀浪潮。明朝因此蓄積了龐大數量的白銀，這些白銀成為明帝國統治天下的重要道具。

幣經濟成長，而在中國，白銀被朝廷視為生銀（一種商品名）加以管控，藉以鞏固封建統治體制。

十六世紀末，明朝實施《一條鞭法》，是將地稅和人頭稅一併折合為白銀課稅。農民必須賣掉穀物折為白銀，再向政府繳稅。

明朝之後的大清帝國（一六四四至一九一二年），同樣也實施一種稱為「地丁銀」的徵稅法。這時期所蓄積的大量白銀，在鴉片戰爭時用於購買鴉片而大量外流，使中國的近代史遭遇了嚴重的通貨緊縮危機（二六二頁）。

解讀經濟

明朝以中華思想為基礎，實施了朝貢貿易和海禁政策。朝廷未能理解時代的趨勢，一直視民間商人為「倭寇」，甚至還取締民間的對外貿易。

第 3 章

為海洋經濟打下基礎的小國荷蘭

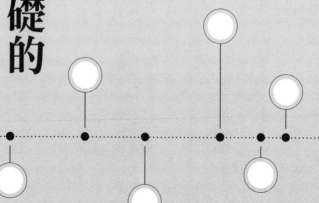

1 海洋經濟國荷蘭

荷蘭掌控了一半的世界貿易

十六世紀後半，歐洲的經濟中心轉移到維京人活躍的北海周邊區域。**荷蘭**透過造船業、海運業，以及海圖、地圖的出版，奠定了海洋經濟的基礎，並**掌控了一半的世界貿易**。荷蘭是一個低地小國，多數國土都低於海平面，有四成國土面臨洪水侵襲的危險。

十六世紀後半至十七世紀中葉為止的八十年期間，荷蘭與曾是宗主國的「日不落帝國」西班牙之間，爆發了「荷蘭獨立戰爭」（一五六八至一六四八年），由於戰爭斷斷續續斷地維持了很長的時間，拖垮了西班牙的經濟。

十五世紀末，嚴謹的天主教國家西班牙下令驅逐境內的猶太人，部分猶太人移居到了阿姆斯特丹（二七頁圖）。這些猶太人將流通於地中海經濟圈的伊斯蘭「匯票」帶到荷蘭。透過「匯票」，要籌措海運的資金變得更容易，對荷蘭的經濟成長助益甚大。

由於鯡魚不再游來產卵，漁民捕不到漁獲，「漢薩同盟」（北德的都市同盟）的盟主呂北克（臨近波羅的海的北德都市）無法再供給鹽醃鯡魚。荷蘭於是趁機利用流網，在北海捕獲鯡魚製成鹽醃鯡魚，販售至歐洲全土（一二八頁），加上造船業、海運業、商業、出版和金融的發展，荷蘭的經濟因此大幅成長。

十七世紀前半，荷蘭開始進行**將波羅的海南岸的穀物運送至地中海的貿易**（The Mother of All Trades〔編注：意思是指當時的荷蘭與波羅的海的穀物貿易，以阿姆斯特丹為中心而蓬勃發展，等同於貿易之母，象徵近代貿易體系的開端〕），在歐洲也經營多種貿易，獲得巨大收益，還更進一步與亞洲和新大陸進行貿易。

荷蘭人掌控了巴西的砂糖貿易，並透過賄賂和走私與新大陸的西班牙殖民地進行貿易，在東南亞和東亞也取代葡萄牙掌控了香料貿易，更奪得日本貿易的主導權。

解讀經濟

荷蘭為了能在廣大的世界海洋進行商業活動，提出了「公海」的主張與西班牙對抗。荷蘭透過測量出版了許多海圖和地圖，並建立了海路（海上道路）體系。與陸上道路不同，海上道路是呈現於海圖。之後，英國的海軍也致力於海圖的普及。海圖儼然成為建立海洋霸權的道具。

鹽醃鯡魚與造船業的勃興

一六五〇年左右，荷蘭擁有多於英國四至五倍的船隻，即便把英國、西班牙、葡萄牙和德國等國的商船數全部加起來也不敵荷蘭。

荷蘭人改良了鯡魚漁船，為了運送沉重、體積大的貨物，他們打造了吃水淺、船體寬大、平底，可載重一百至九百公噸的貨船，運送貨物的運費比他國便宜了一半左右。

荷蘭船運費低廉的祕密，是因為鯡魚漁船容易耗損，他們必須不斷製造出新的漁船去替換，造船技術也日益精進，最終得以打造出價格低廉的船隻。

十七世紀末，荷蘭的造船成本據說比英國低了百分之四十至五十之多。當時，荷蘭的造船業在世界中是首屈一指。一年可以打造出多達兩千艘船，造船能力十分傲人。

大規模驅使商船進行貿易，需要大量的貨幣支持。猶太人傳入的匯票，加上**在阿姆斯特丹外匯銀行**（一三八頁）**裡的存款數字也被視為貨幣，因而解決了貨幣不足的問題**。

因此出現世界最早的「存款貨幣」。

荷蘭的造船業之所以興盛，與基督教徒在四旬節（即指大齋節期間，直到復活節前一天為止，為期四十天〔不包含禮拜日〕）禁食肉的規定有關。由於禁食肉的緣故，身長三十公分的鯡魚就變成了他們蛋白質的來源。

十四世紀左右，鯡魚會大舉游到波羅的海入口處的海峽（丹麥領地）產卵（旺季時數量甚至接近一萬公噸），呂北克等漢薩同盟的商人們會將這些鯡魚予以鹽醃，並裝到木桶銷售到歐洲各地，藉以賺取龐大的利益。

不過，鯡魚後來不再游到丹麥領地。十五世紀以後，鯡魚漁場遂轉移到遠洋的北海。每年一月至三月期間，許多荷蘭漁船會在北海西部的漁場用流網捕撈鯡魚。船員在船上除去內臟，以鹽醃或醋醃的方式加工，再送往歐洲各地，帶來莫大的財富。

解讀經濟

宗教改革後，荷蘭成為信奉喀爾文教派（Geusen，重視勤勞和禁慾）的新教國家，經過與西班牙之間長達八十年的荷蘭獨立戰爭，蛻變成為海洋國家，經濟亦有長足的成長。

2 史上最早的泡沫經濟源於鬱金香的球根貿易

「投資時代」的到來

物價革命（一一九頁）引發了長期的通貨膨脹，並使貨幣價值下跌，無形中助長了投資的風氣。

投資並非是單純的出借貨幣賺取利息，而是將貨幣投入於貨物的生產和流通中，再透過經濟活動的運作賺取利益。

不過，當時的投資卻是預先買下可能會賺錢的物品，利用時間差賺取利益，相當於「投機」的行為。所謂投機，是期待能偶然獲取龐大的利益，是一種缺乏根據的投資行為。

投資與投機之間僅有一線之隔，投資時一不留神就可能變成風險高卻收益大的投機行為，偶爾也會引發泡沫經濟危機（投機過熱）。

資本主義經濟往往伴隨著泡沫經濟和泡沫破裂（信用瓦解、經濟緊縮）的風險，**世界最早發生的泡沫經濟，就是荷蘭的「鬱金香泡沫」事件。**

來自新大陸的廉價白銀，持續大量流入歐洲，引發了劇烈的通貨膨脹。由於資產的耗損加劇，民眾為了維持資產的價值，只得加入投資的行列。大航海時代以後，海洋經濟活動的多樣化也助長了投資的風氣。

不過，在十七世紀時，荷蘭的民眾並沒有發現特別值得投資的標的。因此，無處可去的流動資金開始轉向特定的對象進行投機行為。

開啟了反覆發生的泡沫經濟

當時的歐洲庭園所栽植的花，大部分都是來自地中海。其中，也有原生於地中海東部的鬱金香。鬱金香被視為「宮廷之花」而備受喜愛，甚至風靡鄂圖曼帝國全國。

荷蘭非常流行鬱金香品種的改良，培育出多達兩千種以上具有不同花形種類及顏色的鬱金香。在鬱金香熱潮期間，貴重品種的鬱金香球根擁有極昂貴的價值。因而興起了鬱金香球根的投機風氣。

荷蘭商人遠赴伊斯坦堡，競相高價收購這種四季皆可開花的鬱金香球根。不久，民眾對鬱金香球根的「愛好」就轉變成「投機」行為。

一六三四至一六三七年，荷蘭出現了「鬱金香熱潮」，人們開始熱中於鬱金香球根的買賣，由於一般平民的「資金」也相繼投入這場熱潮中，使鬱金香球根的價格莫名高漲，逐漸出現了泡沫化的現象。

當時，只要轉賣球根，就可以輕鬆賺取財富。人只有在蒙受巨大的虧損時，才會意識到風險的存在。這個道理是古今皆同的。

交易的普及使投資變得容易，當時還出現了「以一定的價格收購球根的權利」（相當於期權交易）的買賣行為，還能夠以房子或物品作為擔保借貸「資金」。民眾們描繪著一本萬利的美夢，不斷加劇泡沫化（流動性過剩）的情形。

當時有一種因為蚜蟲寄生而突變的「鬱金香條斑病毒」，使鬱金香出現了條斑的花紋，這種帶有條斑的鬱金香居然被哄抬到價值三千荷蘭盾，簡直令人咋舌。在當時，三千荷蘭盾相當於富裕商人一整年的收入金額，也難怪平民趨之若鶩做起一本萬利的美夢。

解讀經濟

期權交易是指「將特定的商品，在預先決定的時間點，以預先決定的價格買入的權利」的買賣。

Turning Point

14

西元一六三七年

最早的泡沫經濟是「鬱金香泡沫」

資本主義經濟往往伴隨著泡沫經濟和泡沫破裂的風險。十七世紀前半，荷蘭的「鬱金香泡沫」事件被認為是世界最早的泡沫經濟事件。十九世紀後半以後，泡沫經濟事件更是屢見不鮮。

迎來泡沫的破裂

令人遺憾的是，海市蜃樓終會消失，熱潮終會冷卻。

不久，泡沫破裂的時刻突然到來。

一六三七年二月，原本持續飆漲的鬱金香價格突然開始急速下跌。以現代話來講，有遠見的人已經開始「獲利了結」。

當鬱金香價格開始下跌後，大批民眾出現懼怕蒙受損失的恐慌潮，紛紛「賤價抛售」鬱金香，使鬱金香球根的價格大暴跌。在很短的時間內，就有許多民眾宣告破產。

鬱金香球根價格的暴跌，引發市場的一片混亂。

荷蘭政府於是針對鬱金香的交易制定了相關法令，此舉卻加速了鬱金香泡沫的破裂。在二十五年以前，幾乎所有的國家都有體會過泡沫經濟及泡沫破裂的經驗吧。

在資本主義經濟的時代，類似的泡沫經濟事件往往反覆發生。

解讀經濟

世界史教科書中出現主要的泡沫經濟事件，茲列舉如下：

①**鬱金香泡沫事件**（一六三七年）世界最早的泡沫經濟事件。

②**南海泡沫事件**（一七二〇年）與國債相關的泡沫經濟事件（一五七頁），也是「泡沫經濟」一語的來源。

③**經濟大蕭條**（一八七三年）受到工業革命的普及和殖民地體制的影響，所產生持續了二十年的泡沫經濟危機。經過這次泡沫經濟危機，英國逐漸轉變成金融帝國，與德國之間的對立進入白熱化（二三四頁）。

④**經濟大恐慌**（一九二九年）受到納粹崛起、第二次世界大戰影響所產生的泡沫經濟危機（三三一頁）。

⑤**日本泡沫經濟事件**（一九八九年）日本在高度經濟成長後，陷入了長期的經濟低迷景況（三七一頁）。

⑥**網際網路泡沫事件**（二〇〇〇年左右）高估了網際網路的普及所產生的泡沫經濟。美國的經濟也因此走向不景氣（三七八頁）。

⑦**雷曼兄弟事件**（二〇〇八年）美元與黃金脫鉤後所發生的事件。隨著次貸危機的爆發，金融商品、證券的濫發演變成證券泡沫的破裂（三九四頁）。

3 海難事件催生出股份公司

世界最早的股份公司是荷蘭東印度公司

遵守合理的經濟行動規範、生活非常節儉的荷蘭人，為了分散航海的風險，創立了「股份公司」的組織。

也就是說，股份公司創生於海洋。

股份公司的目的雖然是獲取利潤，不過它最早是由於海上經常會有發生海難事故的風險，所以讓出資者根據個別的經濟狀況出資，一旦倒閉時，則會在有限的範圍內要求股東承擔責任**（有限責任）**。有限責任就是股東在出資額的範圍內承擔損失，以減輕風險。股份公司的出現，使募集龐大的資金成為可能。

股票——作為向公司出資的證明書——是一種可以轉換成貨幣的證券，可以在交易所進行買賣，因此成為投資家的財產。投資者除了期待股票的分紅外，也期待股價的上漲，於是股票買賣開始變得頻繁。

世界最早的股份公司，是成立於一六〇二年的荷蘭東印度公司（簡稱VOC）。

當時，荷蘭政府給予東印度公司從好望角到麥哲倫海峽之廣大區域的貿易、殖民和軍事的獨占權。

荷蘭東印度公司原本約定給出資者百分之三．五的利息，到了一六〇六年，紅利率居然高達百分之七十五。之後，由於許多投資者競相出資，公司的資本額據說在六年內就激增了四．六倍之多。

一六〇二至一六九六年期間，東印度公司支付給股東的紅利率平均都在百分之二十以上，有時還會超過百分之五十。

解讀經濟

當時的航海有很高的風險，許多公司都與英國東印度公司一樣，採取每次航海結束就結算清楚並解散公司的合理做法，但是荷蘭由於政府的力量比較薄弱，港灣、艦隊、殖民地的設施都必須靠公司自己經營維持，最後只得透過高分紅以維持公司的經營，股份公司也由此產生。

阿姆斯特丹是近代經濟都市的先驅

受到猶太人移民的影響，阿姆斯特丹的經濟呈現活躍發展的景況。阿姆斯特丹仿效世界最早的外匯交易銀行里亞爾托銀行（一五三〇年成立於威尼斯），於一六〇九年成立了**阿姆斯特丹外匯銀行**。其實，早在一六〇二年，阿姆斯特丹就已經設立了世界最早的證券交易所。

政府為了遏止投機行為，明令禁止放空和期貨交易。由此可知，當時已經有了放空和期貨交易的投資手法。

放空就是在投資者不持有某物的情況下，預想某物價格可能下跌而賣出某物賺取金額，之後在某物價格下跌後，以低價將某物買回，藉以賺取價差的行為。期貨交易則是買賣雙方約定在未來某一特定時點，以交易當時約定之價格交付某特定商品的買賣契約。

直到十七世紀中葉，可以說是**「歐洲的半數資本都集中在阿姆斯特丹」**也不為過。

處理外匯結算業務的阿姆斯特丹外匯銀行，可透過戶頭轉帳的方式進行貿易，「現金」的交易從此轉換成「數字化」的轉帳交易。因此，阿姆斯特丹外匯銀行的存款餘額暴增了十六倍之多。

Turning Point

15

西元一六〇二年

荷蘭出現史上最早的股份公司

創立於一六〇二年的荷蘭東印度公司，是世界最早的股份公司。

第4章

資本主義的擴張與紙幣、金融商品相繼登場

1 英國曾容許「合法的海盜」存在

收入豐厚的海盜行業

中世紀以來，歐洲的主要產業為毛紡織業，羊毛的原料大都來自於寒冷不利穀物生長的英國。而歐洲毛織品的主要產地，則是依賴進口英國羊毛的法蘭德斯地區（現在的比利時）。

簡單來講，英國曾是產業不振的貧窮國家。

英國在都鐸王朝（一四八五至一六〇三年）時期開始招募織布工匠，並導入法蘭德斯的織布技術。直到十六世紀，英國終於成功製造出高品質的寬幅毛織品。

在農村地區，商人也透過出借給農民羊毛和紡織機等道具（家庭代工），促進了農村毛紡織業的發展，使價格低廉的毛織品得以大規模生產。十六至十七世紀的英國，毛織品的出口額甚至占出口總額的八至九成之多。

進入「大航海時代」後，英國國王或貴族給予船員許可證，允許他們的**私掠船**（得以合法襲擊敵國船隻的海盜船）攻擊西班牙往來大西洋運送白銀的船隻，使西班牙大為困擾。

私掠船的活動，必須籌備大型船隻、武器、船員及相關資金，船員被捕時還得出動幕後金主盡力贖回船員，但這些合法海盜不但掙錢迅速，還收入豐厚。

每艘私掠船平均都有三千至四千英鎊的收入，其中五分之一歸船長所有，剩餘的部分則落到幕後金主的貴族口袋裡。對於這些貴族來講，私掠船簡直是「不勞而獲」的賺錢事業。

受到這種風氣的影響，英國的統治階層都具有冒險性和掠奪性的人格特質。

一五八八年，為了壓制不斷進行海盜行為的英國，西班牙派遣了由一百三十艘船隻、一萬名海軍，以及陸軍約一萬九千人組成「無敵艦隊」攻打英國。然而，由德瑞克爵士所率領的英國私掠船及英國海軍，卻在多佛海峽將無敵艦隊打得潰不成軍。

這場關鍵的**「無敵艦隊之役」**，決定了日後海權的歸屬，**由西班牙變成了英國。**

解讀經濟

一五七七至一五八〇年，由德瑞克爵士所率領的英國海盜船隊，通過麥哲倫海峽，由美洲大陸的太平洋沿岸北上，前往掠奪西班牙的殖民地，航經太平洋和好望角，他是英國第一位航行世界一周的航海家。他透過海盜事業，為伊莉莎白一世帶來相當於一年半分國家歲入的龐大收入。

自取滅亡的「日不落帝國」

西班牙無敵艦隊慘敗的理由總結如下：

①身為貴族的指揮官沒有指揮海戰的經驗。

②以大型船艦為主，缺乏機動性。

③暴風雨持續不斷，天候不利。

除了上述幾點原因，西班牙財政惡化以至於無法及時補給船艦，也是導致慘敗的主要原因之一。

大航海時代以後，「日不落帝國」西班牙因為下列幾點原因使國家財政惡化，經濟發展遲滯不前。

①從「新大陸」流入的大量白銀，在歷經與鄂圖曼帝國之間的戰爭、荷蘭獨立戰爭和三十年戰爭等戰役後，作為軍費流向國外。

②發布了《阿爾罕布拉法令》，使經濟能力高的猶太人被放逐到國外。

③受到「新大陸」流入大量白銀的影響，導致通貨膨脹及國內產業衰退。

④徵收阿卡巴拉稅（每次交易都須繳交的銷售稅），導致民眾生活匱乏。

西班牙透過宗教戰爭的「收復失地運動」（Reconquista，從伊斯蘭教徒手中奪回基督教徒的土地）建國，其領導階層不具備經濟長才，只會依賴從「新大陸」流入的大量廉價白銀，卻不懂得利用「新大陸」的白銀來培育產業和發展信用經濟。

腓力二世曾因國家財政惡化，有四次不履行債務（default，財政破產）的不良紀錄，非常狼狽。

十六世紀末，據傳西班牙王室的債務高達GDP的三分之二，國家的財政堪稱破產，因此無法全力支援無敵艦隊。

從十七世紀末開始的一百年期間，歐洲進入了英法之間爭奪殖民地的殖民地戰爭（一八六頁表）時代。在這段期間，荷蘭在西班牙沒落後，曾經稱霸了約半世紀之久。

英國與法國（人口是英國的三倍）之間的長期戰爭，所耗軍事費甚鉅，使得英國的財政惡化，**英國政府遂把財政交給猶太人管理，猶太人為了籌措軍事費，建立了一套發行國債和紙幣的制度。**

解讀經濟

「日不落之國」西班牙，在擴及全歐洲規模的宗教戰爭中，選擇向天主教會靠攏，由於負擔了龐大的軍事費，面臨了慢性的財政危機，向熱那亞等義大利各都市借貸的大筆借款也時常賴帳不還。這也是造成義大利經濟衰退的一大原因。

英國海軍曾經籌不出雇用船員的經費

英國皇家海軍雖然取代西班牙掌握了海上的霸權，但是財政狀況也沒有好到哪裡去。

伊莉莎白一世（一五五八至一六〇三年在位）統治期間，在制定了海軍法以後，英國海軍的船員大半都是強制招募而來的。強募隊（press-gang）會綁架、誘拐普通男性上軍艦，並透過鞭打強迫他們勞動。

最後當上海軍大臣的塞謬爾・佩皮斯（英國官員，一六三三至一七〇三年）曾用暗號書寫日記，內容有一段文字是這麼寫的：「他們（船員）結束了長期的航海歸來，卻沒有獲發任何現金，只領了兌換券就被解雇。他們手上的兌換券在旅館或酒館被狠狠地壓價，甚至一文不值，於是他們只好流落街頭。」（《佩皮斯的祕密日記——十七世紀英國紳士的生活》

日本岩波書店出版）

解讀經濟

十七世紀的英國，經濟完全仰賴於海盜、奴隸貿易、牧羊和毛紡織業。

■世界經濟中心的轉移情形

西元二十世紀
美國
經過第一次世界大戰後，
躍升成為世界經濟的中心
西元十九世紀
英國
成為擁有世界最廣大
殖民地的大帝國
西元
十七世紀
荷蘭
透過造船技術和海運
掌控世界經濟
西元十三世紀
蒙古帝國
形成歐亞
大陸廣大
的貿易圈
西元十六世紀
葡萄牙·
西班牙
在大航海時代掌握了
海洋的霸權
西元十三世紀
義大利
（商人）
利用歐亞大陸的貿易圈
進行廣域的商業活動
西元十四世紀
邁向文藝復興

2 克倫威爾建立英國海外貿易基礎

將荷蘭船隻踢出海域，與荷蘭發生戰爭

伊莉莎白一世曾經非常擔心捲入與西班牙的政策聯姻中，她去世後，英國從蘇格蘭迎來主張「君權神授」（君王的統治權由神所賦予）的查理一世來擔任英國國王，新國王視英國議會如無物，未徵得議會同意就向民眾課稅。

在地方上握有實權的富裕仕紳階層（鄉紳，即指大地主）於是集結於議會表示抗議。新國王遂以武力鎮壓議會，兩者之間展開了內戰。

克倫威爾於內戰中嶄露頭角，他率領由清教徒士兵所組成的鐵騎軍擊破了國王的軍隊，並在一六四九年處死了查理一世。這就是**「清教徒革命」**。

克倫威爾最後成為手握重權的護國公（首席行政官兼治安官），他以違反「傳統良善的君主之道」為由，駁回議會提出的讓國王就任的請願，而成為獨裁者，其地位等同於國王。

克倫威爾為了打破英格蘭經濟停滯的困境，征服了愛爾蘭、蘇格蘭，甚至征服了加勒比海的牙買加島。一六五一年，為了將荷蘭船隻踢出海域，他制定了《航海法》，規定英國與殖民地之間的交易，僅限英國商船與該交易國的商船往來。

《航海法》是一條以英格蘭為優先，排擠荷蘭船隻，打擊荷蘭中繼貿易的法令。

一六五二年，克倫威爾更以英國國旗遭受荷蘭侮辱為由，挑起**多達三次的「英荷戰爭」**，成功地從怠於充實軍備的荷蘭手中奪取了大西洋的經濟霸權。

克倫威爾去世後，由穩健派占多數的議會迎回在法國流亡的皇族，實現君主復辟。

解讀經濟

克倫威爾以海軍實力為後盾，高舉英國優先的旗幟，將荷蘭的貿易船踢出海域，並透過戰爭從荷蘭手中奪得經濟霸權。以利益優先的荷蘭商人卻不以為意，照樣出資協助英國，藉以獲取利益。

解讀經濟

《航海法》是克倫威爾制定的通商法令，目的在於打擊荷蘭的中繼貿易，奪得海洋經濟霸權。此法規定只有商品的生產國或英國船才可以進入英國的港口。

Turning Point

16

英國奪取歐洲的制海權

西元十六至十七世紀

英國藉由「無敵艦隊之役」擊敗了西班牙，又透過「航海法」和「英荷戰爭」將荷蘭趕下寶座，終於掌握了歐洲沿岸和大西洋的海上霸權。

3 「國債」源自對法戰爭的巨額軍事費

英國與荷蘭變為同一陣線

一六六一年，法王路易十四開始親政後，法國成為歐洲的第一大陸軍國家。面對這種局勢，英國不得不與荷蘭組成共同陣線。

君主復辟後，由於「親法」的英國國王拒絕與議會協商，議會遂在一六八八年廢除了國王，並迎回嫁給荷蘭總督的王女瑪麗與其夫威廉三世聯袂擔任新國王，前任國王則流亡海外。

這就是**「光榮革命」**。

新國王承認議會制定的「權利宣言」，並發布了《權利法案》（正式名稱為《國民權利與自由和王位繼承宣言》），開啟了以議會為國政中心的君主立憲制度。

光榮革命後，原本流亡於荷蘭的思想家約翰．洛克（John Locke）回到了英國，並於一六八九年發表《政府論》，論述人民基於財產權和幸福的保障為前提，將統治權委任於政府，當人民的保障受到損害時，人民得以要求政府返還該權利，並要求更換統治者。這就是約翰・洛克所主張的「社會契約理論」，這個理論也為光榮革命賦予了正當性。

洛克主張的財產權（私有產權）和人民主權理論，奠定了近代社會的基礎。

美國在獨立戰爭時發表的「獨立宣言」，以及法國大革命時所提出的「人權宣言」，都是以社會契約理論為基礎。

在清教徒革命時期，洛克的父親曾擔任由克倫威爾率領議會派軍隊的騎兵隊長，真是有某種因緣巧合。

指導發行「國債」的猶太人移民

在光榮革命後，英國與法國之間開始了一連串大規模的殖民地戰爭（第二次英法百年戰爭，一八六頁表）。當時的英國為籌措軍事費所苦，**新國王於是偕同從荷蘭移居英國的猶太人，共同籌備發行「國債」**。

東歐曾經歷了三十年戰爭等一連串的宗教戰爭，宮廷猶太人（Court Jews）有豐富的籌措軍事費經驗，是處理國家財務的專家。

所謂國債，是國家作為借款抵押品而發行的「國家保證支付利息或本金的債券」。

國債的發行，不只可以籌得所需軍事費，其債券也會流入市面，相當於在社會中投入加倍的貨幣。

現在的國債也相當於存款或企業的股票、債券是很有力的投資標的。

長期處於都市間的相互戰爭，需要費心籌措軍事費的威尼斯等義大利各都市，是最早發行國債的地方。英國也是後來在猶太人的建議下，才採用這套發行國債的方法。

解讀經濟

國債最早發行於一二六二年的威尼斯，當時的威尼斯因與熱那亞之間發生戰爭，為了籌措軍事費才發行了國債。

解讀經濟

由議會保證還款的國債，成為商人們心目中相對穩定的投資標的。二〇一二年，當今世界債券市場的規模大約是一百兆美元，是股票市場的三倍左右，而國債堪稱為債券市場的中心。

Turning Point

17

西元十七世紀末

國債成為籌措軍事費的手段

英國在光榮革命後，苦於對法戰爭的軍事費負擔，導入了國債制度。透過國債制度，英國得以籌得龐大的軍事費，才有望與法國爭奪殖民地的漫長戰爭（第二次英法百年戰爭）中獲得勝利。

有了國民作保，借錢沒有問題

現在由政府機構所發行的債券統稱為**「主權債券」（Sovereign Bond）**。一直以來，當國家遇到戰爭等緊急事態時，國王都會向金融業者或商人借款，而且常有賴帳不還的情形。因此，由國王出面借款的信用度很低，商人總會找一些理由婉拒借款的要求。

不過，英國在光榮革命後，國家主權（Sovereign）轉移到了議會，國王的借款就變成了國家的債務。

因此，償還債務的對象則由國王變成了議會，國民（主權者）繳的租稅便成為確實償還債務的保證。

國債從此變成是能夠確實回收借款的憑證，人們開始把它視同貨幣使用。

英國能夠加強海軍軍備，**在與法國之間長達百年的霸權爭奪戰爭（第二次英法百年戰爭）中獲得最後的勝利，就是因為在戰爭時期大量發行了國債。**

解讀經濟

主權的原意是「神的至高無上權」，之後陸續變成「國王的主權」、「議會的主權」及「國民的主權」。換言之，國民被奉承抬高到「主權者」的地位，然後被迫承擔償還巨額國債的責任。

「泡沫經濟」一詞源於南海泡沫事件

國債發行之後，由誰來承接（收購）是一大問題。其實，要找到能夠承接國債的對象不是一件容易的事。

官民合營的**「南海公司」**成立於一七一一年，其經營規模遠大於東印度公司，但經營實績卻表現得很一般。

南海公司提出將以發行股票所籌得的資金收購英國的國債，要求英國政府許可他們發行大量的股票。

當時由於「西班牙王位繼承戰爭」（一七〇一至一七一四年）所衍生的龐大軍事費用，使英國政府的財政吃緊，不得不趕緊找到國債的承接者，只得答應南海公司的提議，這就是導致南海泡沫事件的起因。

南海公司是一間由西班牙掌管，承辦南美洲殖民地貿易的公司，但卻幾乎沒有任何經營實績。即使如此，英國政府依然許可南海公司將承接的國債，轉換成自家公司的股票再予以販售。

換言之，南海公司可以發行與認購的國債等額的股票。

南海公司為了賺錢，甚至提出「為了收購更多的國債，自家股票必須盡量高價賣出，如此才能夠籌得收購國債的資金」的藉口。

南海公司在收購追加的國債同時，也對首相、財政部長等官員贈與股票選擇權（stock option）以進行賄賂，要求允許由公司自行決定新股票的發行價格。

如此一來，股價如果上漲到比原先向政府收購國債的價格高時，所獲得的收益都將歸公司所有。

南海公司藉由宣傳「西班牙王位繼承戰爭的結果，由英國取得西班牙殖民地的奴隸貿易獨占權」，使股價隨之上漲。

民眾們預期南海公司將透過奴隸貿易賺取高額利潤，使南海公司的股價在半年內大漲了將近十倍。隨著股價與國債面額差距的擴大，南海公司賺取了龐大的收益。

之後，市場上出現了不少來路不明的公司，想搭南海公司泡沫經濟的順風車，這些公司的股價也隨之飆漲。

不過，西班牙在戰後仍然握有南美洲的貿易獨占權，南海公司的奴隸貿易也沒有完全上軌道，民眾在瞭解到公司慘澹經營的狀況後，對南海公司的狂熱也急速冷卻，股價在兩個月內就大跌到只剩下五分之一。眾多的投資者因此蒙受極大的損失。

這是英國最早的泡沫經濟和泡沫破裂。

南海公司放出毫無根據的消息引發股價上漲，相當於一種詐欺的行為。現在每隔一段時

■南海公司的營利結構

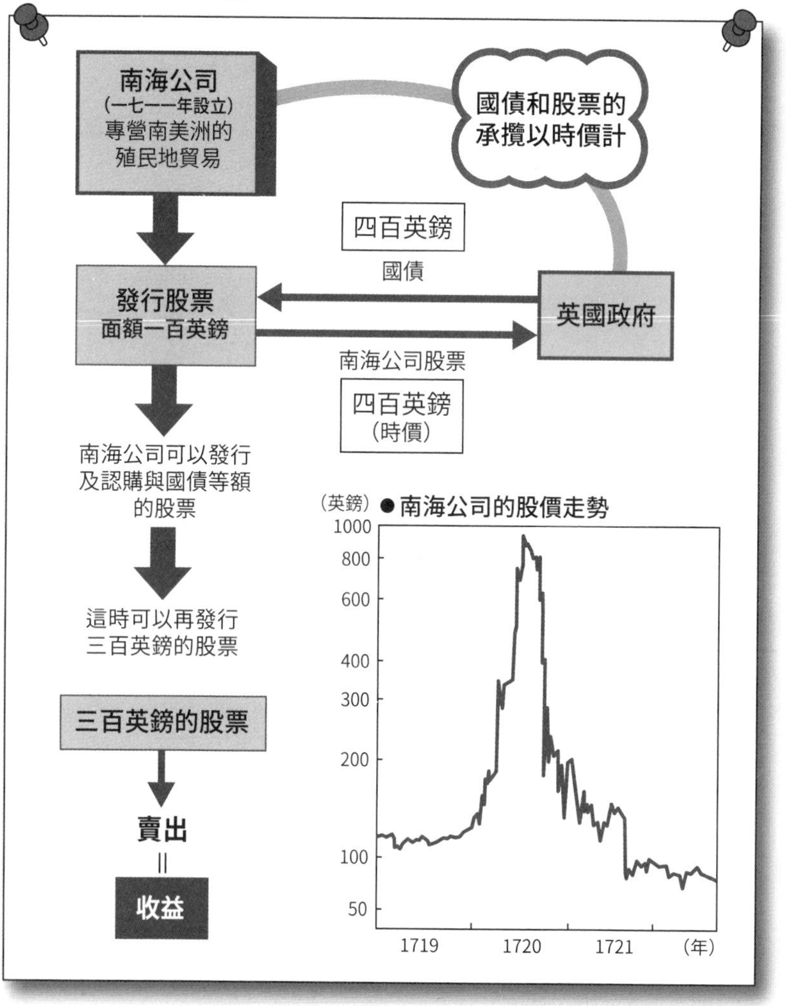
南海公司
(一七一一年設立)
專營南美洲的
殖民地貿易
國債和股票的
承攬以時價計
四百英鎊
國債
發行股票
面額一百英鎊
英國政府
南海公司股票
四百英鎊
(時價)
南海公司可以發行
及認購與國債等額
的股票
這時可以再發行
三百英鎊的股票
三百英鎊的股票
賣出
||
收益
(英鎊)
●南海公司的股價走勢
1000
800
600
400
300
200
100
50
1719
1720
1721
(年)

間就會發生泡沫經濟現象（周期性），而「泡沫經濟」一詞就是源於**「南海泡沫事件」**（South Sea Bubble）。

解讀經濟

泡沫經濟是一場「毫無根據的狂熱事件」，當時身兼造幣局總監的牛頓（他是科學家應該很冷靜），據說也因為南海泡沫事件慘賠了兩萬英鎊。因此，牛頓曾留下名言表示：「我能計算天體的運行，卻算不到人類的瘋狂。」不過，據說直覺敏銳的宮廷音樂家韓德爾早就先行脫手，大賺了一筆。

形象大壞的股份公司

南海公司的負責人被議會追究責任，並查明有政治家收賄的事實。當時由首相沃波爾（最早的組織責任內閣）負責善後南海泡沫事件。之後，股份公司完全失去信譽，形象大壞。

一七二〇年，為了防止再次發生泡沫經濟，英國議會制定了《泡沫公司禁止法》，規定如果七人以上的出資者要組成股份公司，須先取得議會的同意，或是國王的批准。

這也是英國在十九世紀後半為止，股份公司並未活躍發展的主因之一。

Turning Point

18

西元十八世紀初

泡沫經濟一詞源於南海泡沫事件

由於很難找到國債的承接者，英國和法國都疲於奔命。發生於十八世紀初的「南海泡沫事件」與同時期發生於法國的「密西西比泡沫事件」，兩起事件的發生背景，都是起因於很難找到國債的承接者。經過南海泡沫事件，才終於建立了完備的會計審計制度和會計師制度。

解讀經濟

為了監督企業的管理，南海泡沫事件的善後處理也導入了會計審計制度和註冊會計師制度。

4 大西洋三角貿易使資本主義持續成長

大量生產受歡迎的高收益商品「砂糖」

到了十八世紀，英國人和法國人都在加勒比海域經營大量種植甘蔗（銷往歐洲市場）的大農場（種植業）。

農場主用貨幣購入土地、簡單的製糖設備，以及奴隸工人，便開始從事大規模的生產。這種用於自我增值的貨幣就稱為「資本」。

牙買加島的甘蔗種植業負責大量生產粗糖，先送往英國精製後，再輸往歐洲各地。由於約有兩成的砂糖會在英國精製後再輸往歐洲各地，砂糖的關稅也成為英國政府的重要財源。

甘蔗雖然是全年皆可收成的作物，不過一旦收成後，甜度就會急遽下降，所以農場旁邊通常都會附設製糖工廠，將收成的甘蔗進行榨汁、加熱、蒸餾等一連串的處理，再製成粗糖。由於甘蔗在收割後，需要非常多的人手來進行甘蔗的加工，因而引進了大量的黑人奴隸。

■十八世紀的「大西洋三角貿易」

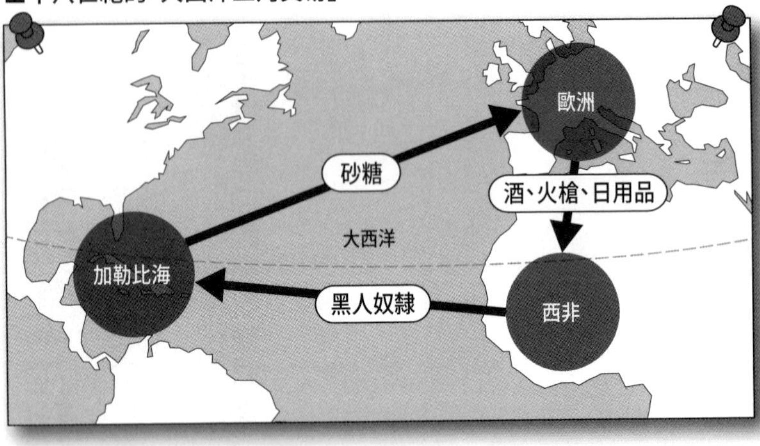

尤其在加勒比海域，西班牙人帶來的天花、流感等，使將近八成的原住民染病而亡。據說整個新大陸染病死亡的人數共計有八千萬人以上。因為人手不足的關係，必須引進黑人奴隸來充當工人。因此，現在的巴西、加勒比海域等地，有許多黑人居住在過去栽種甘蔗的地區。

解讀經濟

歐洲市場大量需求的優質甜味劑「砂糖」，是亞熱帶作物中最早的人氣作物。當時的種植業利用黑人奴隸生產大量的砂糖。

奠定資本主義經濟的三角貿易

十八世紀，隨著砂糖在加勒比海域的大量生

Turning Point

19

西元十八世紀

透過三角貿易使資本主義經濟結構化

資本主義經濟的結構由於奴隸貿易、甘蔗的種植業和砂糖販售三者的結合，而不斷擴大。「大西洋三角貿易」使資本主義經濟得以持續成長發展。

產，奴隸貿易（甘蔗農場需要大量的黑人奴隸工）也跟著大為興盛。砂糖的產地「西印度群島」、奴隸的供給地「西非」，以及出口手工業製品、日用品的「英國」，三者結合形成了「大西洋三角貿易」，其規模也逐漸擴大。

大西洋三角貿易使大西洋和加勒比海成為「經濟之海」。

大西洋經濟與歐亞大陸的「自給自足」經濟不同，是以「商品經濟」為基礎，因此三角貿易促進了資本主義經濟的成長發展。

在某種程度上，英國的奴隸商人可以說是支撐砂糖產業的重要存在。這些奴隸商人從事奴隸貿易，首先給予西非沿岸的部族槍枝、酒和日用品，讓他們在內地搶掠奴隸，奴隸商人再廉價購得這些奴隸運往美洲大陸。

解讀經濟

奴隸貿易、甘蔗的種植業和砂糖貿易，使生產地、勞動力的供給地和市場分布於大西洋沿岸，三者透過海運連為一體，經濟也產生大規模的變化。

喚起砂糖需求的咖啡

我們每天添加砂糖飲用的**咖啡和紅茶，是「與資本主義經濟有密切關係的飲料」**。商人生產砂糖後，為了增加人們對於砂糖的需求，陸續創造了飲用咖啡和紅茶等嗜好品的文化。英國為了培植國際競爭力低的加勒比海的砂糖產業，在國內對砂糖的販售實施非常優厚的保護措施。

英國民眾每人對於砂糖的消費量，從一六〇〇年的年消費量四百至五百克，到了十七世紀增加為約兩公斤，十八世紀則激增至七公斤之多。

不過，由於保護關稅等因素，砂糖的價格居高不下，很難當成調味料頻繁使用。因此，砂糖商人為了維持和擴大砂糖的銷路，開始創造出嗜好品的文化。為了讓人們對砂糖產生更多的需求，最早被造就出來的嗜好品，是來自伊斯蘭世界，原產於衣索比亞，香氣濃郁的「咖啡」。

不過，荷蘭已經先一步取得咖啡貿易的優勢。於是英國另外創造出清朝的紅茶、美洲大陸的可可（巧克力）等嗜好品的風潮。

解讀經濟

荷蘭和英國都經由阿拉伯半島南部的貿易港摩卡出口咖啡銷往歐洲各地，之後荷蘭和法國將摩卡的咖啡豆，移植到新大陸和爪哇島等地。

意圖透過紅茶扭轉頹勢的英國

咖啡的原產地是衣索比亞，經由葉門（阿拉伯半島南部）的摩卡港出口到歐洲地區。之後，咖啡雖被移植到其他各地，但最早都是從伊斯蘭世界進口的。

一六四〇年代，荷蘭在摩卡與阿姆斯特丹之間建立了穩定的咖啡貿易。之後，荷蘭商人與英國商人之間曾經有過利益的競爭，最後由荷蘭勝出。

荷蘭商人從印度南部取得咖啡的樹苗，然後移植到殖民地的爪哇島，並強制要求當地居民協助栽植咖啡。十八世紀初，荷蘭成為「世界第一的咖啡商」，賺取了暴利。

與荷蘭競爭失敗的英國，把目標轉向從清朝進口的紅茶。

英國東印度公司把紅茶推薦給英國皇室，創造出早茶等貴族的紅茶文化，之後逐漸普及到仕紳階層（一四九頁）、庶民階層和殖民地人民。英國商人終於將紅茶培育成一大事業。

Turning Point

20

西元十七至十八世紀

為了增加砂糖的需求而打造嗜好品文化

為了擴大砂糖的消費量以維持景氣，歐洲造就出咖啡、紅茶、可可等嗜好品的文化，也促進了資本主義經濟的成長發展。

在現代社會，砂糖用於添加到飲料、零食和各種加工食品，成為我們日常生活中不可或缺的調味料。

解讀經濟

紅茶原本是完全發酵的烏龍茶，在清朝可用便宜的價格購得。

5 源於倫敦咖啡廳的保險和股票交易

迴避海運的風險與保險的誕生

十七世紀後半，英國取代荷蘭掌握了海上的霸權（一五〇頁）。多數的帆船航行於泰晤士河，倫敦成為大西洋商圈的一大中心。

英國取代荷蘭成為霸權國家之後，許多船舶運送了大量的物資集中於倫敦。因此，如何降低海難事故的風險，成為倫敦的商人們亟需解決的大問題。

船舶蒙受損失時的「船舶保險」、貨物蒙受損失時的「貨物運輸保險」，兩者變成海運和海上貿易所不可或缺的保險，這兩種合稱為**「海上保險」**。

保險業者向貿易商們收取保險費，彼此約定好如果沒有發生事故就完全歸為業者的收益，發生事故就會支付給貿易商保險金。

海上保險的交易從伊莉莎白一世時期就已經開始，十七世紀後半至十八世紀期間，出現了勞合社保險集團。勞合社也是目前世界最大的保險集團。

所謂保險，是人們或組織根據將來發生意外時可能造成的損失，而設計出來的理賠制度，需要先以概率計算出要預繳多少保險金，也要建立起完善的理賠體制。**保險最早是從海上保險開始的。**

繼海上保險後，**倫敦也陸續出現火災保險和人壽保險**，英國因此成為世界保險大國。

解讀經濟

「保險」最早是為了穩定海上貿易所建立的保障機制。

保險需要正確的資訊

談到近代的財產保險制度和股票交易，得先從咖啡廳談起。

十七世紀時，咖啡和鄂圖曼帝國的咖啡廳一併傳入歐洲，不久就普及於歐洲各國，民眾也養成喝咖啡的習慣。英國的咖啡廳是庶民社交的場所，十分常見。在十七世紀，英國的咖

Turning Point

21

西元十七世紀後半至十八世紀初

保險和股票交易誕生於倫敦的咖啡廳

「保險」源於十七世紀後半至十八世紀初倫敦的海上保險。

啡廳甚至多達三千間。

世界屈指可數的「勞合社」是採取個人會員制的船舶保險業者集團，起源於十七世紀後半一家開在倫敦港口附近的咖啡廳（二十四小時營業，專門做港口客人的生意）。船主、保險業者和雇船商人們，經常會聚集在一間位於泰晤士河岸旁的 Lloyd's 咖啡廳。店主愛德華．勞埃德為了招攬客人，會在店內發送刊載入港商船資訊的小冊子（Lloyd's letter，演變為後來的 Lloyd's News）。

勞埃德的策略非常成功，海運和貿易相關人士都非常喜歡聚集在勞埃德的咖啡廳，很多人開始「集資」，建立了發生事故時運用資金補貼損失的制度。這就是財產保險的起源。

一七一三年，咖啡廳的店主勞埃德去世後，咖啡廳的老主顧雇用了原本的員工，建立了專營保險業的「new Lloyd's」。一八七一年，「new Lloyd's」成為法人團體。

由於英國在世界各地都有海外據點，世界各地的航海資訊都會集中到倫敦，因此倫敦能夠高度預測航海的危險率，世界最早成立於倫敦的財產保險公司也存續至今。

值得一提的是，勞合社承襲了咖啡廳時代的傳統，不賣保險只承辦保險的仲介業務。

解讀經濟

現今規模龐大的保險業，起源於十七世紀的一間咖啡廳，咖啡廳客人（業者）之間的商議合作逐漸發展成為保險業。大企業的發展歷程都大致相同，軟銀集團、優衣庫，甚至是風險企業，多數也都成長為國際性的大企業。

股票交易也是發源於倫敦西堤區的咖啡廳

倫敦金融城（西堤區）的股票交易也是一樣，起源於十七世紀末西堤區的葛瑞威咖啡廳和喬納森咖啡廳裡的股票交易。

股票交易始於莫斯科公司（獨占了特許公司東印度公司股份和俄羅斯貿易）的股票交易。一六九五年，一百四十間公司的股票和國債、證券、外幣都在皇家交易所（Royal Exchange）進行交易。

不過，猶太裔經紀人被高傲的皇家交易所以品行不佳為由摒除在外。這些猶太裔經紀人只好到附近的喬納森咖啡廳（股票的小交易所）進行股票交易。

一七四八年，喬納森咖啡廳曾遭逢火災付之一炬。喬納森咖啡廳之後重建，並於一七七三年變成**倫敦證券交易所**。

英國的「政黨」和由科學家組成的「皇家協會」，也都是透過咖啡廳的社交和資訊交流而成立的組織。

解讀經濟

十七世紀大致以商品交易為中心，股票交易較不受重視。當初將股票交易帶入英國的是猶太人。

6 信用票據演變為紙幣

金匠券是紙幣的起源？

在世界金融的中心轉移到現在的紐約華爾街為止，世界金融的中心一直都在倫敦西堤區金融城。

西堤區倫巴底街（金融街）的街名，是因從義大利倫巴底區移居到英國的金匠（Goldsmiths，從事金工的工匠）在當地從事金融業而得名。

英國近代銀行的前身，可追溯到十七世紀的金匠。

自從國王沒收了倫敦塔裡商人們所寄放的黃金後，商人們便把他們的「黃金」（經商所得的資產）改交給倫巴底街的金匠（擁有堅固的金庫）保管。

於是，金匠們發行了作為存放黃金證明的「存單」（**金匠券、goldsmith note**）。

這種「存單」雖然可以換成「黃金」，但是商人們幾乎不把黃金提取出來，而是讓「存單」流通於市場。

因此，原本只是作為一種票據的「存單」，逐漸被視同與「黃金」等值，成為「虛擬銀幣、金幣」。

後來由於金匠所給的帳簿可用於帳戶交易，金匠也開始透過帳戶交易把保管的黃金出借出去，不花自己一毛錢就可以把白花花的利息賺進口袋。這就是**「信用創造」**。

與義大利銀行賺取兌幣手續費不同，金匠們建立了近代銀行的雛形。

利用信用創造，只在取信對方時亮出「黃金」，得以賺取比貸款多出數倍的龐大利息。

金匠券於是成為英格蘭銀行發行紙幣的樣本。

解讀經濟

創造出金匠券原型的是威尼斯的金匠。金匠發現可以利用信用，讓「紙」像「金錢」一樣流通運用。

利用軍事費不足占盡便宜的英格蘭銀行

民營的**英格蘭銀行**（後來的中央銀行）是商人們為了籌措軍事費所成立的銀行。英格蘭銀行手段高超，答應借給英國政府戰爭資金，不過前提是要求紙幣的發行權。

一六九四年，加勒比海海盜出身的蘇格蘭貿易商威廉・佩特森在英國政府許可下，為了籌措軍事費資金而成立了英格蘭銀行。

英格蘭銀行透過承攬國債，取得了憑票即付票據（實際上就是銀行券，可以在股本〔share capital〕的範圍內兌換金幣、銀幣）的發行權，相當於獲得了紙幣的發行權。

一六九七年，英格蘭銀行更獲得了發行紙幣的獨占權。

擁有發行紙幣獨占權的銀行，就稱做**中央銀行**。

法國的中央銀行設立於一八〇〇年，日本則是成立於一八八二年，新興國家美國則是在一九一三年設立了ＦＲＢ（美國聯邦儲備銀行，三〇三頁）。

一九四六年第二次世界大戰後，英格蘭銀行被收歸國有，強化了公家機關的性質。原先的英格蘭銀行，純然是以民營銀行的身分發行英鎊紙幣。

資本主義經濟得仰賴貨幣的流通才得以運作，將「貨幣」視同「商品」加以管理的商人們，等於是掌控了社會的命脈。

倫敦商人從政府手中取得紙幣的發行權，進而透過貨幣體制掌控了英國的經濟，待英國成長為掌控世界四分之一人口的大帝國時，更進一步掌控了世界的經濟。

當今的美國也承襲了英鎊的國際貨幣制度，美元也是操控在金融商人的手中。

解讀經濟

銀行券是憑票即付票據的「金匠券」的進階版，起源於伊斯蘭世界創造的「匯票」。當時的政府對紙幣缺乏理解，完全由商人主導紙幣的運作。

Turning Point

㉒

西元十七世紀末

英鎊紙幣是民營銀行發行的「票據」

一六九四年，民營的「英格蘭銀行」以借貸軍事費給政府為條件，獲得了英鎊紙幣的發行權。之後，紙幣就逐漸取代了銀幣。

第 5 章

金融時代到來與羅斯柴爾德家族的崛起

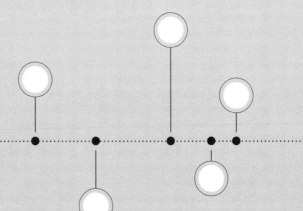

1 美國獨立戰爭與大陸幣

什麼是十九世紀的「大西洋革命」？

十五世紀的大航海時代以後，在大西洋周邊的西班牙和葡萄牙不約而同向中南美洲擴大殖民地。

一七六三年，英法之間經過百年以上的殖民地戰爭（一八六頁表）後，由英國勝出，北美洲因此成為英國的殖民地。不過，英國也在漫長的戰爭過程中背負了龐大的赤字國債。

戰後，英國政府意圖對北美十三殖民地（美國東海岸）課稅以填平這些赤字國債，引發了殖民地人民的猛烈反彈，因而爆發了**「美國獨立戰爭」**（一七七五至一七八三年）。法國、荷蘭、西班牙等國為了給英國添亂，群起支援北美十三殖民地人民的行動，使美國獨立戰爭終獲成功。

脫離英國獨立的美國本身沒有國王，因此成立了**世界最早以國民為主權者，由議會和總**

統共同治理的國家（民族國家）。

一七八九年，美國獨立成功的六年後，法國由於原先派軍支援美國獨立戰爭拖垮了國家財政，爆發了「法國大革命」。之後，由於拿破崙對西班牙發動了侵略戰爭，歐洲開始無暇顧及殖民地的統治，於是在一八一〇至一八二〇年代期間，拉丁美洲（墨西哥、中美洲・南美洲周邊）的國家紛紛獨立，使大西洋區域的局勢風雲變色。

一直以來**由歐洲強國掌控「新大陸」殖民地的殖民地統治體制逐漸崩解，獨立的民族國家（近代國家）愈來愈多，逐漸形成了「民族國家體制」**。

解讀經濟

現在的民族國家、移民國家的始祖就是美國。歐洲的殖民地統治體制和民族國家體制都是始於大西洋世界。

近代國家和近代經濟的誕生

民族國家（近代國家）是乘載了資本主義經濟的新政治制度。二十世紀後半，在美國全

■英國VS法國的殖民地百年戰爭

(年)	北美洲	歐洲	(印度)
1680			
1690	1689 威廉王之戰 … 97	1688 大同盟戰爭 … 97	
1700	1702 安妮女王戰爭 … 13	1701 西班牙王位繼承戰爭 … 13	
1710			
1720			
1730			
1740	1744 喬治王之戰 …48	1740 奧地利王位繼承戰爭 … 48	
1750	1755 英法北美戰爭 … 63	1756 七年戰爭 … 63	(1757 普拉西戰役)
1760	(確認由英國掌握霸權)	(確認由英國掌握霸權)	
1770	1775 美國獨立戰爭 … 83		
1780			
1790		1789 法國大革命 1793 第一次反法同盟 1799 第二次反法同盟	
1800		1805 第三次反法同盟	

球一體化的構想下，民族國家體制也跟著全球化。

十八世紀末至十九世紀初，大西洋周邊所發生的一連串政治變動，被視為是大西洋革命，國際政治的趨勢開始明確成形。

一七八三年的美國獨立戰爭（反抗英國國王統治），與一七八九年的法國大革命（推翻波旁王朝），是接連發生的革命行動。革命發生的原因，與長期的第二次英法百年戰爭（一六八九至一八一五年，爭奪北美和印度的殖民地戰爭，直到拿破崙戰爭結束為止）所帶來的嚴重財政危機有很深的淵源。

簡單來講，取代視國王為主的主權國家，而形成了各式各樣的、以議會為中心的**「民族國家」**。

近代國家有①通貨的管理與徵稅；②透過法律和司法穩定社會秩序；③道路、港灣和教育的整備；④解決與他國之間的糾紛等特質，為資本主義經濟的發展奠定了堅固的基礎。

「國民經濟」就是以民族國家為基礎的經濟。

古典經濟學家亞當．斯密指出，**自由競爭**才能以最低的費用創造出最大化的生產，因此國家應該瞭解維護自由市場的重要性。

在絕對主義時代，國王為了增加自己的財產所採取的重商主義政策，從此被全盤否定。

解讀經濟

十九至二十世紀，「民族國家」的體制逐漸普及全球。第二次世界大戰後，美國推動了以美利堅合眾國為範本的全球一體化體系，除了南極大陸外，全球陸地以國境區分為一百九十六個國家。

起因於紅茶的美國獨立戰爭

發生於北美洲的「英法北美戰爭」（一七五五至一七六三年）是歸類於「七年戰爭」（一七五六至一七六三年）的延伸戰爭，英國經由此役擊敗法國確立了霸權，成為足以與西班牙比肩的殖民帝國。

不過，英國卻也因此欠下高達一億三千萬英鎊的巨額赤字國債。

而且，英國駐守北美洲的一萬人軍隊所花的費用，也使英國的負擔更加沉重。為了償還國債，英國想要比照本國的標準對北美十三殖民地課稅（印花稅），殖民地人民得知後高喊**「無代表就不納稅」**（英國不允許北美洲派代表參與英國議會，所以課稅是不當行為），強烈反對英國的徵稅措施。

同時，英國東印度公司的散漫經營也為日後的紛爭埋下了種子。他們打算在殖民地免稅

Turning Point

23

西元十八世紀末～

民族國家的成立與國民經濟的誕生

歷經了美國獨立戰爭、法國大革命後，歐洲和美洲大陸陸續出現了許多「民族國家」，國家之間以國家為單位的「國民經濟」彼此串聯，逐漸形成了世界經濟的架構。

脫售採買過剩的滯銷紅茶。

一七七三年，英國政府通過《茶葉法案》，賦予英國東印度公司到北美殖民地銷售紅茶的專利權，引發了波士頓商人（從歐洲走私紅茶獲取利益）的激烈反抗。激進派組織「自由之子」的年輕人潛入停泊於波士頓港口的東印度公司船隻，並將船上的紅茶全數傾倒至海裡，引發了**「波士頓傾茶事件」**。

經由這場紛爭，紅茶被視為英式生活樣式的象徵，因此殖民地的人民開始在生活上抵制紅茶。

另一方面，英國政府採取封鎖波士頓港，派軍進駐殖民地的報復行動。一七七五年，波士頓郊外的萊辛頓發生了殖民地民兵與英國軍隊的武力衝突，一七七六年，北美十三殖民地的代表在大陸會議共同發表了「獨立宣言」，吹響了獨立戰爭的號角。

解讀經濟

紅茶問題的本質，在於英國政府施行了「有益的忽視」（salutary neglect）政策，使波士頓商人從歐洲走私免稅的紅茶來牟利一事，在英國東印度公司的介入下受到了威脅。

Turning Point

24

西元一七七六年

出現資本主義經濟的教科書

一七七六年，獨立宣言發表後，蘇格蘭經濟學者亞當・斯密發行了《國民財富的性質和原因的研究》（簡稱《國富論》），*An Inquiry into the Nature and Causes of the Wealth of Nations*）一書。這本書是最早有系統地分析資本主義社會的著作，除了提出經濟是由「看不見的手」所主導外，也提出了相對於重商主義的「自由放任」學說。

星巴克咖啡成功的原因

美國獨立戰爭，可以看成是殖民地想要脫離宗主國的生活樣式，進而獲得自立的戰爭。殖民地的人民拒絕英國商品和任何有關英國的生活樣式，作為英式生活象徵的紅茶也被列入黑名單。因此，美國人開始飲用類似紅茶的淺焙淡咖啡（美式咖啡）。美國對咖啡的需求量非常大，也帶動了巴西的咖啡產業。

歐洲以濃縮咖啡（義大利咖啡）為代表，歐洲人認為咖啡是「香醇的飲料」，咖啡的好壞取決於烘焙咖啡豆的技術。不過，美國對於一時之選的類紅茶飲品（美式咖啡），就沒有這麼多的講究。

值得一提的是，一九七一年創設於西雅圖的「星巴克」，讓咖啡原本講究的「香氣文化」普及於全美。

星巴克進一步延伸美式咖啡受到獨立戰爭影響而盛行的風氣，並在美國遍地開花，可以說是意料中的事。

至於星巴克的名稱，據說是來自於梅爾維爾的小說《白鯨記》，書中有一位始終都冷靜自持的大副，他的名字就是「Starbuck」。為了凸顯咖啡能夠使人頭腦清醒的形象，才採用了這位知名角色的名字。

講到這裡，不得不說世界史真是知識的寶庫，許多生意人都可以從中獲得啟示。日本或許也有機會能出現第二、第三個星巴克。

解讀經濟

美國的嗜好品市場產生了極大的收益。「立頓紅茶」以產地直送的方式，將斯里蘭卡的紅茶銷售到美國，賺取了豐厚的利益。「星巴克」則藉由導入原產地的咖啡引發了生活革命，在賺取利益的同時，又進一步運用猶太人的智慧將生意推廣到全球，創造了嶄新的商業模式。

被認為「毫無價值」的大陸幣

戰爭往往需要支出龐大的費用。獨立戰爭時，殖民地軍隊為了籌措軍事費歷盡了千辛萬苦。為了籌措物資，大陸會議發行了可以兌換金、銀的**「大陸幣」**（continental）。

不過，為了籌措軍事費而大量印製的紙幣，卻沒有相應的黃金在背後支持，在短短四年內，大陸幣的幣值竟然慘跌到百分之一以下。

這個結果不令人意外，畢竟沒有人會光憑道義和道理就動用錢財。由於紙幣的價值急速下跌，殖民地發生了惡性通貨膨脹，一套西服竟然要價一百萬美元。

於是大陸幣淪為「毫無價值」的代名詞（not worth a continental，意為一文不值）。獨立後的一七九二年，美國成立了美國造幣局，並發行了「美元」作為通用貨幣。

美國的人口，在一八一五年時還不到八百四十萬人，仍然是純農業社會。都市幾乎處於未發展的狀態，居住於都市（人口超過兩千五百人）的人口尚不及總人口的一成。

因此，**美國獨立戰爭的性質不是民主革命，而是殖民地的農民群起抗爭宗主國英國的農民戰爭**。當時，名為「洋基歌」（Yankee Doodle，日本為「阿爾卑斯一萬尺」）的愛國歌曲，鼓舞了貧困的農民。

日本借用了「洋基歌」的旋律，創作了「阿爾卑斯一萬尺」這首歌。「阿爾卑斯一萬尺」如今成為登山歌，殖民地獨立成功令這首歌更加鼓舞人心。

解讀經濟

大陸幣的發行是以對獨立滿腔的熱情做擔保，可惜在經濟的世界只有「熱情」是行不通的。

2 法國大革命與歐洲最早的惡性通貨膨脹

法國大革命的爆發源於課稅問題

一七八九年，美國獨立成功的六年後，由於七年戰爭的負擔、派軍支援美國獨立戰爭（為了杯葛英國）等戰事拖垮了國家財政，加上連年歉收，法國在山窮水盡之際爆發了**「法國大革命」**。

混亂的源頭，起因於對擁有免稅特權的貴族課稅的爭議。

貴族以答應接受課稅為條件，要求重開已停辦多年的「三級會議」（由第一階級的聖職者、第二階級的貴族和第三階級的平民等三種身分所組成的身分制議會）。結果卻不歡而散，第三階級（不被認可擁有參政權）最後自行組織、召開了國民議會，並提出制定憲法的要求。

一七八九年，路易十六意圖鎮壓國民議會，巴黎市民遂群起反抗，並攻陷了巴士底監獄，因此爆發「法國大革命」。

國民議會決議通過由貴族拉法葉特（主張自由主義）所起草的「法國人權宣言」，這是以「獨立宣言」為藍本而寫成。

拉法葉特曾自購船隻漂洋過海到美國，最後成為美國獨立戰爭的義勇軍。他非常喜愛美國，甚至在自己家中的牆壁上懸掛「獨立宣言」。拉法葉特是連結美國獨立戰爭與法國大革命的重要人物。

法國大革命最後逐漸擴大，周邊反對革命的國家也紛紛捲進這場戰爭。漫畫《凡爾賽玫瑰》的內容雖然頗富戲劇性，實際上當時的人民因為經濟破產，生活在水深火熱之中。

一七九三年，路易十六被送上斷頭台，法國變成以議會為中心的「民族國家」。不過，法國的經濟卻不見好轉，羅伯斯比爾等激進派的政權終究不得民心而宣告失敗。一七九五年，隨著「督政府」的成立，法國大革命也大致告一段落。

解讀經濟

法國大革命是由於波旁王朝的債務不履行（破產）所引發的革命。

法國大革命以惡性通貨膨脹告終

法國大革命的過程並不怎麼光彩。引發革命的財政危機，到最後也沒有獲得解決。

一七八九年，革命政府為了解決財政困境，以教會的土地（占國有化的全國土地的一成）和教會財產做擔保，發行了**「指券」**（利息為五分的「利率債券」）作為新的財源。

由於法國沒有國債（債券），發行指券可以說是出於無奈之舉。

指券原本是一種「國有財產的兌換券」，透過賣出教會的土地和財產來支付金額。

不過，隨著法國與周邊諸國的戰爭愈來愈白熱化，指券只得不斷發行，最後逐漸變成法定貨幣。革命政府透過發行指券所籌措的資金，足以供應一百萬名民眾的武裝設備。

隨著動亂持續地發生，指券的發行量也不斷增加。

一七九四年，「熱月政變」爆發，羅伯斯比爾被處決，激進派的統治也告一段落。之後，隨著計畫經濟轉變成自由經濟，加上督政府過度濫發指券，**一七九五年，指券的價值大跌，歐洲發生了最早的惡性通貨膨脹**。

指券的價值暴跌至僅剩面額的千分之三，一七九六年，宣告終止指券發行。

政府原本承諾未來會回收指券，但是拿破崙卻拒絕回收指券，使指券變成廢紙。眾多平民因此破產，出現了許多難民。

由於指券停止發行，法國通貨不足的問題日益嚴重，有一段時間，法國甚至必須借用外國的「錢幣」作為國內的通用貨幣。

指券是在革命的非常時期，用來作為籌措政治資金的工具，最後卻令法國民眾陷於不幸，並且造成經濟的大混亂。

解讀經濟

所謂「惡性通貨膨脹」，指的是物價在短時間內暴漲數倍或數十倍，發展猛烈的通貨膨脹。第一次世界大戰後的德國、太平洋戰爭後的日本，也曾發生過惡性通貨膨脹。人民對貨幣失去信心後，貨幣的價值無限下跌至形同廢紙，造成了讓民眾的生活瀕臨破產的經濟危機。

Turning Point

25

西元一七八九至一七九五年

「指券」的發行與歐洲最早的惡性通貨膨脹

法國大革命時，革命政府為了維持財政的運作而發行「指券」。不過，隨著「指券」的過度發行，在法國大革命末期，引發了歐洲首次的惡性通貨膨脹。

3 羅斯柴爾德的崛起與金融時代的開始

拿破崙戰爭與金融時代的開始

拿破崙**透過徵兵制組織軍隊**，在法國大革命後對外發起一連串的戰爭（拿破崙戰爭，一七九六至一八一五年）並取得勝利，稱霸了整個歐洲大陸。

神聖羅馬帝國（現在的德國、奧地利）滅亡後，從西班牙到俄羅斯之間的歐洲土地都掌握在拿破崙的手中。

空前的大戰爭耗費了龐大的軍事費，歐洲諸國為了籌措軍事費，紛紛發行國債或向銀行借款。歷史因此進入了**猶太人大為活躍的金融時代**。愈來愈多生財有道的猶太銀行家為國家供給軍事費，並取得了公民權。

苦於籌措軍事費的拿破崙，在一八〇三年將廣大的法屬路易斯安那（北美洲）賤價賣給美國，然而此舉卻有如杯水車薪，起不了太大的作用。拿破崙一方面苦於籌措軍事費用，卻仍在一八〇六年消滅了神聖羅馬帝國，瓦解了由王侯和貴族所統治的歐洲。

同年，拿破崙發布了**「大陸封鎖令」**，全面禁止歐洲大陸諸國與英國進行貿易，意圖藉此復甦法國的經濟。

「農業國家」的法國實施了保護貿易政策，意圖將奉行自由貿易主義的「海洋帝國」英國踢出歐洲市場。

不過，農業國家的法國終究無法戰勝通商國家的英國，大陸封鎖令最後仍以失敗告終。西班牙的叛亂、俄羅斯的背叛，以及**遠征莫斯科的失敗**，使拿破崙從此日落西山。拿破崙的軍事勢力，終究無法撼動英國的經濟霸權。

猶太裔的羅斯柴爾德家族在拿破崙時代趁勢崛起，躍升為歐洲最大的金融業者。他們懂得透過正確的資訊調配資金，轉眼間就讓資產倍增，穩坐「歐洲的銀行」的地位。

解讀經濟

撼動整個歐洲大陸的「拿破崙戰爭」耗費了龐大的軍事費，居中籌措軍事費的猶太人因此趁勢崛起。英國自由貿易的勝利，使歐洲經濟的規模得以繼續擴大發展。

羅斯柴爾德建立的金融帝國

在拿破崙戰爭時代，德國猶太裔金融業者羅斯柴爾德家族，為英國等反拿破崙的勢力提供資金而崛起，進而掌控了整個歐洲的金融。

其中，羅斯柴爾德家族中的內森（Nathan Meyer Rothschild），二十一歲時就移居英國，他的表現最為活躍。他在大陸封鎖令一發布，就透過走私英國的棉布賺了大錢，並於一八一一年投入金融業。

失勢後的拿破崙被流放於厄爾巴島，他逃出島後，一度當回皇帝意圖東山再起，卻遭逢「滑鐵盧戰役」（一八一五年），敗給了英國和普魯士的聯軍。不過，內森卻利用最早的情報——英國在「滑鐵盧戰役」中處於不利情勢——賺取了龐大的財富，這筆財富也成為他日後從事金融活動的資本。

內森利用自己建立的信鴿情報網，早一步得知了「拿破崙敗北」的情報，卻在股票市場以引人注目的大動作賣出了大量的公債。

由於投資家事前獲得的情報為拿破崙處於有利的情勢，看到內森的大動作後，更加確信英國一定會戰敗，於是也跟著內森「拋售」公債，引發了公債的崩盤。

其中，**統一公債**的價值大跌，形同廢紙。

統一公債是本金不贖回，債息按期支付幾乎直到永遠的公債。因此，如果英國戰敗，無法如期支付利息的話，就等同一文不值。在統一公債大跌至形同廢紙後，內森開始大肆買進統一公債，據說因此賺取了高達兩千多倍的龐大利益。

這就是著名的**「內森的逆勢操作」**。內森以形同操作避險基金（Hedge Fund）的手法使資金翻倍，表現最為亮眼。其實，羅斯柴爾德家族的五兄弟都很有一套，他們分別在倫敦、巴黎、維也納、法蘭克福和那不勒斯建立了銀行，並透過彼此的互助合作，在維也納體制（拿破崙戰爭後所建立的歐洲國際秩序）時期，穩坐銀行龍頭的寶座。

不久，內森家族就掌控了英格蘭銀行的紙幣發行權，他們進一步透過英鎊掌控了全世界的經濟。

解讀經濟

羅斯柴爾德家族成功的原因，在於他們善於把紛爭、戰爭等「情報」轉換成金錢。在金融時代，誰能夠掌握政治、經濟等各種情勢的先機，誰就可以賺取龐大的財富。

4 英國回復金本位制並大量發行英鎊

由金幣支撐的英鎊紙幣

在拿破崙戰爭打得如火如荼的時候，英國政府為了防止英格蘭銀行的黃金外流，停止了紙幣與黃金之間的兌換。英格蘭銀行券的價值因此大幅下跌，使通貨膨脹更加惡化。

一八一六年在拿破崙戰爭後，英國政府透過《鑄幣條例》恢復了金本位制。英國開始鑄造一英鎊金幣（八克重，索維林金幣），並制定了英鎊紙幣與黃金的兌換比率，即黃金價格為每盎司三英鎊十七先令十又二分之一便士。

之後，英國恢復了黃金與英鎊紙幣（英格蘭銀行券）之間的兌換。一八二一年，英國正式確立了金本位制。

有了黃金做擔保後，英國開始大量發行英鎊。

解讀經濟

十七世紀末，由於白銀價格高漲，曾任英國皇家造幣局總監的物理學家牛頓，建立了英國金本位制的基礎。拿破崙戰爭結束後，由於恢復了以黃金為基準的金本位制，使得能夠兌換黃金的英鎊紙幣大為普及。

由保護貿易轉向自由貿易

自由貿易是由經濟強者稱霸的貿易體制。因此，經濟強國往往率先大力提倡自由貿易。

拿破崙戰爭結束後，大陸封鎖令（二〇一頁）也跟著解除，地主們開始害怕廉價的穀物會大量流入英國。一八一五年，地主們動用關係讓議會幫他們制定了**《穀物法》**，在穀物價格下跌到一定的水準以下，就限制國外穀物的進口。

換言之，《穀物法》是為了保護地主的利益所制定的保護貿易法令。

相對於此，投資事業大獲成功的猶太裔經濟學家李嘉圖，卻提出「所有的國家都可以透過自由貿易取得利益」的主張，藉以反對《穀物法》，理查德·科姆登和約翰·布萊特等人於是展開了「反穀物法同盟」的反對運動。

不過，地主們的反抗非常激烈，兩者之間僵持不下。

最後，在愛爾蘭的馬鈴薯因傳染病流行全毀之際，礙於《穀物法》無法進口廉價的穀物，造成了愛爾蘭人口有一成被餓死的悲慘事件。一八四六年，《穀物法》終於被廢除，英國也從此轉向自由貿易。

解讀經濟

拿破崙戰爭期間，為了增產食物，英國的農業進行了結構性的改革，並擴大了經營規模。因此，《穀物法》廢除後，英國的農業也沒有受到什麼影響。《跨太平洋夥伴協定》（TPP）爭端就是現代版針對《穀物法》的爭議。

Turning Point

26

西元一八二一年

金本位制的確立與英鎊紙幣的普及

在拿破崙戰爭結束後，英國恢復了由英格蘭銀行發行的英鎊紙幣與黃金之間的兌換，使得「金本位制」再度復活。英鎊紙幣有了黃金的支持後，隨著英國的稱霸，逐步變成了世界通用貨幣。

5 無法經濟自主的拉丁美洲

持續由白人統治的拉丁美洲

受到美國獨立戰爭、法國大革命，以及拿破崙統治西班牙的影響，一八一〇至一八二〇年代期間，拉丁美洲的西班牙移民後裔克里奧爾人（生於拉丁美洲的西班牙人）也發動了獨立戰爭，並建立了十八個民族國家。

這些國家沿用了西班牙殖民地時期的銀幣（墨西哥銀圓）。此外，拉丁美洲獨立後，由英國取代西班牙掌控了與拉丁美洲之間的貿易。拉丁美洲接受英國大量輸入廉價的工業製品，仍舊維持著農業社會的型態。

拉丁美洲的國家雖然組織了議會，但是擁有私人軍隊的富有地主階層（高地酋）仍舊虎視眈眈，為了使國家私有化而不時發動政變，國民主權對他們來講還是很遙遠的概念。

一八二〇年代，英國興起了一股**投資拉丁美洲的熱潮**，到一八二八年為止，除了巴西以外，拉丁美洲諸國都對英國欠下龐大的債務，甚至陷入無法償還債務的窘境。**目前新興國家的債務危機，就是源於一八二〇年代的拉丁美洲諸國。**

解讀經濟

拉丁美洲雖然脫離西班牙成功獨立，但經濟體質仍然非常孱弱。維也納體制（拿破崙戰爭後所建立的歐洲國際秩序）時期，英國逐步掌控了拉丁美洲的經濟。南半球雖然有百分之八十都是海洋，英國卻僅以一國之力就手握拉丁美洲的經濟，並將澳洲、南非都納入殖民地，掌控了整個南半球的經濟。

第 6 章

兩次工業革命使歐洲的經濟成長起飛

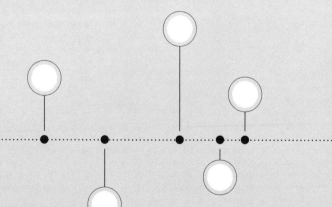

1 與大西洋市場連動發展的英國工業革命

工業革命其實很「不起眼」

「工業革命」使世界經濟產生了大變動。人們開始使用蒸汽機和機械，並建立了在工廠大量生產工業製品的生產結構（工廠制機械工業）。

工業革命使都市變成生產的場所，促進經濟的大規模化，並大量生產各種的工業製品。

工業革命始於一七六〇年代興起的棉紡織業，之後隨著各種技術革新（innovation）的累積，終於迎來了工業資本主義的時代。

本書將十九世紀的工業革命分成三個時期來做討論：

①**在紡織工業引發了小規模工業革命**的時代
②**鐵路大建設**時代
③**第二次工業革命**時代

仕紳階層和商人掌控了英國的大西洋三角貿易（一六三頁），他們能動用的資金規模，以及賺取的龐大財富，跟透過紡織業起家的庶民創業家是不可比擬的。所謂的工業革命，是發起於「在龐大的商業資本下不起眼的承包業者」。

現在的英國，有不少人支持「工業革命不存在論」的觀點，認為在十八世紀後半至十九世紀初，英國並沒有發生戲劇性的經濟成長。

根據「紳士資本主義」的觀點，當時的英國是以商業和金融為重，根本沒有所謂的工業精神，以及經濟的領導者是仕紳階層（有閒階級）的說法，上述觀點也相當有道理。

解讀經濟

十八世紀後半，英國東印度公司從印度引進的高級纖維棉布（calico）成為英國的戰略商品。一七〇〇年和一七二〇年，英國議會發布了「禁用棉布」的禁令，禁止進口印度產的棉布，藉以守護傳統的毛紡織產業。棉布的生產業者只得轉向國外尋求活路，他們開始進口加勒比海域的便宜棉花（種植業），從而帶動了國內的加工棉織工業，廉價的英國棉布因此成為大西洋市場的新人氣商品。

英國議會發布「禁用棉布」（禁止進口印度棉布）的禁令，意外培植了英國用以外銷的棉布產業。蘭開夏一帶（奴隸貿易港利物浦的腹地，中心都市為曼徹斯特）棉布的生產（棉花的原料產自西印度群島）逐漸盛行。

一七三三年，約翰・凱發明了毛紡織工具飛梭（flying shuttle）。一七六〇年代，棉布的織造部門開始使用飛梭，織布的效率也隨之加倍。

手工的紡紗工程與使用飛梭的織布工程在效率上有極大的落差。因此，在織布的效率大為提升後，出現了棉紗嚴重供不應求的問題。於是，苦惱的紡織業者開始重金懸賞新的紡紗技術。

其中，織布工匠出身的哈格里夫斯、理髮師兼假髮業者的阿克萊特，以及紡織工人的克朗普頓等，這些所謂的「業餘人士」相繼對紡織機進行了改良和發明。

機械的使用，使原本生產棉紗的小工坊，轉變成有組織性分工合作的大規模工廠。

十九世紀後半的工廠規模雖然龐大，與之相較，仕紳階級對金融、保險和農場的投資只能算是小規模，但是他們所獲得的龐大利益，卻是大規模工廠所望塵莫及的。從長遠的角度來看，工業革命確實大幅改變了世界經濟的型態。

Turning Point

27

西元一七六〇年代～

工業革命和鐵路建設使資本主義正式發展

一七六〇年代，與大西洋貿易連動發展的棉紡織工業引發了工業革命，資本主義經濟也正式啟動。

解讀經濟

英國是地主和商人的國度，仕紳等統治階層所主要關心的焦點就是商業和金融。他們非常善於將事業制度化，卻不怎麼重視製造業。

技術革新與康德拉季耶夫周期理論

工業革命時期的經濟成長率，最高時為百分之二，平均卻只有百分之一．三而已。

工業革命經過一百年以上的歲月，逐漸使工業取代了農業，成為經濟重心。透過技術革新，帶來了①提升生產力；②增加生產量；③擴大生產領域等進步。

俄羅斯經濟學家康德拉季耶夫，以初期的工業革命為起點，提出每五十年會出現一次技術變化波動的學說。因此，**約以五十年為周期的循環，就被稱為長周期波動（康德拉季耶夫周期）**。

雖然區分的方式有些微的差異，但以世界史的觀點來思考工業的變化時，這樣的大致歸納法卻很重要。

■康德拉季耶夫周期理論

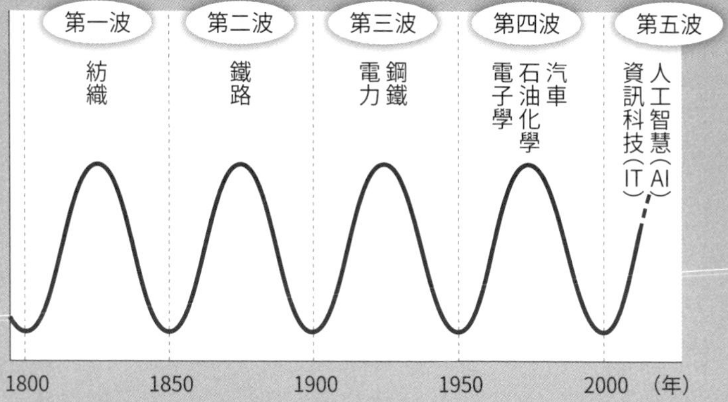

●康德拉季耶夫周期理論（長周期波動）

以五十年為周期的循環。由俄羅斯經濟學家康德拉季耶夫提出。
主要因素為技術革新。

其他景氣循環理論

●朱格拉周期理論（中周期波動）

以十年左右為周期的循環。由法國經濟學家朱格拉提出。
主要因素為企業的設備投資。

●庫茲涅茨周期理論（中長周期波動）

以十五到二十年為周期的循環。由美國經濟學家庫茲涅茨提出。
主要因素為住宅或工商業設施的改建需求。

一般來講，長周期波動可分成：第一波（一七八〇至一八四〇年，**工業革命**）；第二波（一八四〇至一八九〇年，**蒸汽機與鐵路**）；第三波（一八九〇至一九四〇年，**電力與鋼鐵**）；第四波（一九四〇至一九九〇年，**大量生產與汽車**）；第五波（一九九〇年～，**資訊通信**）。

解讀經濟

本書將十九世紀的工業成長區分成：工業革命、鐵路的大建設時代、第二次工業革命；另外將二十世紀的工業成長區分成：大量生產方式的出現、資訊革命與第三次工業革命。

2 蒸汽機的問世與鐵路大建設時代

最早用於煤礦排水的蒸汽機

十七世紀，英國面臨嚴重的森林資源枯竭問題，他們只好用煤炭取代薪材作為燃料。英國與日本北海道東部（道東）一樣氣候寒冷，因此植物不會腐爛而是變成泥炭或煤炭，煤炭資源非常豐富。

不過，隨著煤礦的開採，坑洞也愈挖愈深，坑道所滲出的大量地下水要如何排除成為棘手的事。只靠人力和畜力，根本無法解決排水的問題。

一七一二年，英國技師紐科門發明了抽取地下水的蒸汽機（氣壓發動機）。但是龐大的紐科門式蒸汽機只能上下運動，不僅效率低而且運作遲鈍，光是運作一台蒸汽機，每天就要動用五十匹馬來運送煤炭。儘管如此，排水的工作仍然必須持續進行。

一七六七年，位於煤炭地區的紐卡素，所配置的蒸汽機就多達五十七台。

瓦特由於貧窮無法加入機械職業工會，只得在蘇格蘭的格拉斯哥大學擔任模型的修理工人，某次他在修理故障的紐科門式蒸汽機的模型時，稍微做了一些改良，提高了蒸汽機的效率和通用性。

一七六五年，瓦特進一步將紐科門式蒸汽機的汽缸和冷凝器做分離，使其熱效率提升了七倍。

這是將因汽缸反覆加熱冷卻所散失的大部分熱能，透過冷凝器的作用加以活用的緣故。

一七七五年，瓦特與中部地區工業界的權威人士馬修．博爾頓合作，共同致力於蒸汽機的商品化。

瓦特開發了在活塞的兩側輸送蒸氣的復動式蒸汽機，使上下運動更順暢；一七八一年，他**運用了行星齒輪將活塞的往返運動，改為軸心的旋轉運動，堪稱劃時代的改良**。

蒸汽機成為運轉機械的動力源後，逐漸被廣泛運用到各種機械上。

瓦特便開始經營出租蒸汽機的事業，他把三千三百磅（一．六五噸）舉起三十公分的動力設定為一馬力，再以馬力為單位來計算租金。瓦特是一位有很多新奇點子的優秀人物。

Turning Point

28

西元一七八一年～

蒸汽機的出現 使人類邁向化石燃料時代

一七八一年，瓦特改良了蒸汽機作為機械的動力，開啟了「蒸汽機的時代」及「化石燃料」的時代。

解讀經濟

英國由於氣候寒涼，而且又缺乏森林資源的緣故，不得不仰賴煤炭作為燃料，因此，用於煤礦排水的蒸汽機非常普及。煤炭與大西洋海域、歐洲的經濟成長息息相關，煤炭成為工廠、鐵路和蒸汽船的能源後，英國的經濟也一飛衝天。

鐵路建設使工業社會正式發展

運用機械生產棉布，不過只是紡織產業範圍內的改革而已，但是當小型化的蒸汽機裝上台車後，就產生了新的交通工具（火車），隨著**「鐵路」的普及，資本主義經濟漸趨成熟，規模也拓展到了全世界**。

鐵路建設需要龐大的投資，也是影響範圍很廣的產業，全球鐵路網的形成引發了大規模的經濟成長。此外，高速穩定的鐵路交通工具，也從根本上改變了世界的連結方式。

以歐洲為中心所形成的鐵路網，使全世界的財富集中於歐洲，資本主義經濟趨向全球化。鐵路建設引發了全球性的大改造，造就了英國的**「不列顛治世」**。

解讀經濟

鐵路建設產業所影響的範圍很廣，舉凡鐵軌、火車、貨車及客車的生產，以及火車站、橋梁及隧道的建設等，都是支撐鐵路建設的一環。英國作為提供鐵路建材和技術的輸出者，經濟因此大為成長，穩坐「世界工廠」的寶座。

十九世紀前半是「鐵路狂時代」

一八二五年，英國的史蒂芬生發明了蒸汽火車，他在間距四十公里的斯托克頓和達靈頓之間，用他所製造的火車拖曳三十五輛客車和貨車，以時速十八公里左右的速度試行成功。這段鐵路主要是將產於內陸杜倫的煤礦運送到海岸地帶。

一八三〇年，英國開通了間距四十五公里的利物浦（也就是披頭四的故鄉）至曼徹斯特鐵路，火車時速達四十公里，是世界最早的客運鐵路。

利物浦－曼徹斯特的鐵路廣受好評，三年內平均每日乘客數達一千一百人，運送貨物也很順利，這條鐵路非常賺錢，不僅把國庫的借款全部還清，還可以給股東百分之九．五的高額股利。

當時有位著名的女演員被問及搭乘火車的感想，她表示「速度快得好像要飛起來一樣」。一八三〇至一八四〇年代，英國進入了鐵路建設的高峰期，也就是「鐵路狂時代」。

一八五〇年代初期，英國完成了以倫敦為中心的放射狀鐵路網。從一八四五年開始的十年內，鐵路的總長度就增加了四倍。簡單來講，就像日本因為新幹線的建設引發了高度的經濟成長一樣，英國也因為鐵路建設而使經濟大幅成長。

這股鐵路建設的熱潮，不久擴及整個歐洲大陸。德國的鐵路建設在一八四〇至一八六〇年代急速拓展。鐵路公司的大規模投資，也引發了急速的經濟成長。

鐵路對於英國國內市場的統一，以及近代國家的形成功不可沒。不過，鐵路更重要的意義，在於**引發了歐洲大陸諸國的工業革命**。

解讀經濟

一八六〇至一八九〇年期間，比較世界各地鋪設鐵路的情形，歐洲成長了五倍，北美洲則是六・五倍，拉丁美洲是六十六・三倍，亞洲是四十一・四倍，非洲則是三十六倍，可以看出歐洲周邊各國的鐵路建設皆有長足的進展。

Turning Point

29

西元一八三〇至一八六〇年代

鐵路讓歐洲變得強大

鐵路建設是世界工業化的原動力，以歐洲為中心所建立的全球鐵路網，為往後歐洲諸國統治世界奠定了重要的基礎。

3

商品氾濫的都市生活型態

「百貨公司」的出現改變了買賣交易的形式

由於人口逐漸集中到工業都市、中產階級人數的成長、工業製品的大量生產，以及鐵路的普及等因素，使世界進入了商品氾濫的新時代。

一直以來，商品買賣的主導者都是商人，商品沒有標示定價的習慣。買賣交易就是一場交涉的戰爭，商品的價格就在商人與買家的拉鋸之下決定。

直到十九世紀中葉，**出現了名為百貨公司的大規模賣場**。資本主義經濟的成長使商品的種類一舉擴大，變得無法透過交涉去逐一決定每件商品的價值。

因此，十九世紀中葉，英國和法國開始出現在賣場陳列商品的同時，預先訂好明確售價的「百貨公司」。

現代生活中，有網路購物、電視購物和型錄購物等多種的購物方式，當時卻只有百貨公司而已。簡單來講，百貨公司是以服飾或家庭用品為中心，並由各自的部門進行管理和販售的大規模零售賣場。以另一種方式來講，百貨公司就像是提供社會大眾使用的「商品的百科事典」。

百貨公司的商品琳瑯滿目、價格合宜，在賣場閒逛也沒有必須購物的壓力，普遍受到好評。之後，百貨公司進一步導入了定價制度和退貨制度，並使商品的陳列和販售更有系統，因此得以穩定成長。

以往商品沒有定價，買賣就是討價還價，買賣雙方必須經過一番爾虞我詐才能達成交易。百貨公司的出現，改變了這種買賣的形式。

百貨公司的問世，起源於在倫敦召開的第一屆世界博覽會。

一八五一年，英國在倫敦海德公園設置了一座全部以玻璃建造的巨大水晶宮（The Crystal Palace），而第一屆世界博覽會就在這裡舉行，英國藉此向世界展示英國工業的繁盛。

第一屆世界博覽會為期一百四十一天，有多達一萬三千件來自世界各地的展出品在水晶宮展出，總計有六百萬人由歐洲各地前往參加盛會，人數多達倫敦人口的兩倍。

解讀經濟

擁有琳瑯滿目商品的百貨公司的出現，引發了十九世紀後半的流通革命。一九二〇年代，美國邁向汽車社會（大多數人都能擁有汽車的社會），連鎖店（超市的原型）也逐漸普及，之後隨著電視和網路的發達，使購入商品的方式愈來愈多樣化。

4 第二次工業革命奠定了現代生活基礎

工業化的社會

發生於一八七〇年代以後的**「第二次工業革命」**，奠定了現代人的生活樣式。人類社會歷經第二次工業革命後，生活型態也產生了巨大的轉變，其影響延續至今。

因此，現代人也比較容易理解，第二次工業革命之後的經濟型態。

日本明治維新發生於第二次工業革命之前，才使得日本與歐洲之間的差距能夠縮到最小。對於日本來說，這是非常幸運的事。因為如果等到與歐洲之間的差距拉大後再來苦追，就非常辛苦了。

技術革新破壞了傳統的社會結構，使舊的事物不斷地更新或汰換成新的事物。

第二次工業革命將科學技術有系統地運用到各個產業領域，產業的重心也逐漸轉移到需要投入龐大的設備投資的重化工業。

隨著有限責任制度的形成，股份公司急速普及，股票市場也隨之大幅度地成長。以英國為首，勞工階層的生活環境也逐漸獲得改善。

現代人的生活，可以說是第二次工業革命之後的延伸。電動馬達、內燃機、合成染料、化肥等新技術陸續問世，電燈、留聲機、電話、電報、海底電纜、錄音機、家電用品、電車、汽車、鐵路網、飛機、大型蒸汽船、冷凍船、冷凍貨車、高樓建築、電影、收音機、彩色照片、氮肥、塑膠、炸藥、阿斯匹靈、藥劑等新產品的發明不勝枚舉。

解讀經濟

十九世紀末，龐大數量的工業製品引發了「生活革命」，使人類社會的生活產生了極大的轉變。現今的人類社會，正歷經由電腦和網路所引發的「第三次工業革命」，以及由ＩｏＴ（物聯網）所帶來的「第四次工業革命」，民眾的生活持續發生急遽的改變。

Turning Point

30

西元一八七〇年代～

第二次工業革命帶來工業的全盛時代

「第二次工業革命」發明了各種產品，建構了現代人的生活樣式。站在經濟的立場，第二次工業革命也是「現代」的起點。

經濟活動的複雜化

隨著需要大量資金的重化工業的出現，意味著合夥企業時代（由少數資產家共同出資經營企業）的結束。

「有限責任」的特權，原本只有東印度公司等特定的公司才能享有，後來逐漸普及化後，陸續出現了許多「有限公司」。

由於有限公司可以擴大投資的規模，從而促進了資本主義經濟的成長。

隨著《破產法》的制定，事業經營失敗的人不須再面臨牢獄之災。

企業規模擴大後，許多銀行或證券公司，形成了一種集結大眾的資金，再以這些資金作為資本投資企業的結構，股份公司因此有長足的成長。當股票和公司債券建立了可以隨時與貨幣互換的體制後，「投資」也逐漸普及化。

此外，由於管理銀行和企業需要眾多人才，逐漸形成了被稱為白領階級的人們。在這個時代，鋼鐵生產、石油煉製和電力供給成為產業的新基礎。

十九世紀末，出現了強固而柔韌的**「鋼鐵」**素材，可以用來建造數萬噸的大型船舶、艾菲爾鐵塔（二四〇頁）等高樓建築，還有大型的武器，用途非常廣泛。鋼鐵的出現使社會的面貌為之一變。

解讀經濟

英國經濟學家阿爾弗雷德・馬歇爾曾表示，除了企業規模的擴大外，產業規模的擴大也提高了生產效率。十九世紀前半，歐洲的工業生產約成長兩倍，直到十九世紀後半，約成長了四至五倍。

5 「經濟大蕭條」引發歐美經濟變動

英國的經濟成長遭遇瓶頸

一八七三至一八九六年，奧地利維也納的金融危機從歐洲波及到美國，**引發了大規模的「經濟大蕭條」**（Great Depression）。

歐洲的工業產品原本就有生產過剩的問題，加上從殖民地流入大量的廉價農產品，更降低了農民購買工業產品的意願，種種因素使不景氣雪上加霜。

尤其是英國的食品進口激增，在一八九〇年代，食品進口的比例高達總進口的百分之四十五，使貴族和仕紳階級逐漸走向沒落。

同時，**隨著第二次工業革命的來臨，新技術的運用使鋼鐵、電機和化學等新興產業的發展蒸蒸日上**。

不過，採取保護貿易政策的德國等國，早就導入新技術使工業成長發展。相較之下，曾有**「世界工廠」美譽的英國，卻由於工廠的老舊化，以及企業小規模經營等弱點，使工業國的排名驟降到第三。**「不列顛治世」（二二二頁）終究還是步入了衰退期。

解讀經濟

英國的經濟成長率，從一八六〇年代的百分之三・六，到一八七〇年代的百分之二・一，到了一八八〇年代，則下降至百分之一・六。相對於英國，新興國家的德國和美國的經濟成長率，則高達約百分之五。

英鎊掌控了世界經濟

經濟大蕭條時期的經濟情勢，與一九八〇年代迄今的世界經濟變化，可以說是十分相似。日本的經濟由於陷入「失落的二十年」，在數位化上的發展落於人後，與英國所遭遇的困境相當雷同。

受到經濟大蕭條的影響，英國雖然丟失了「世界工廠」的寶座，但是在資本輸出、殖民地統治，以及從國外獲得利息（紅利）、保險收入等方面的運作都非常順利。因此，英國藉由**轉變成「世界銀行」**和**「世界金融服務中心」**，化解了危機。

透過一八二三年的**《貨幣法》**，英格蘭銀行所發行的英鎊紙幣額度，可比銀行現有的金銀存量再追加至一千四百萬英鎊（後來是一千六百萬英鎊），使英鎊的信用大為提升，獲得了法定貨幣（由法令強制規定通用的通貨）的地位。

世界各國和企業都透過倫敦籌措和調配資金，也在倫敦的銀行設置英鎊存款帳戶來處理帳目。

英國對美國、澳洲、加拿大、印度和阿根廷等國的證券投資激增，直到一八七五年時，投資金額甚至超過十億英鎊。到了二十世紀初，這些投資已經增值到三十億英鎊，增加了三倍之多。

解讀經濟

第一次世界大戰開戰時，英國掌控了全世界四分之一的土地和人口，甚至握有全球半數的股份。隨著時代的變遷，英國的經濟也由棉製品、鐵路與造船，再轉變到金融，成為遠遠凌駕於蒙古帝國之上的史上最大的帝國。

殖民地爭奪戰爭的白熱化

這段時期的歐洲各國熱中於爭奪殖民地的活動，他們將殖民地視為獨占的市場加以統治，並利用殖民地的廉價勞力和資源壓低生產成本。

歐洲列強之間彷彿被傳染發燒一樣，競相投入爭奪殖民地和瓜分世界的戰爭。

列強這種擴張主義的行為，被稱為**「帝國主義」**。

列強之中，**英國尤其掌控了全世界四分之一的土地和人口，成為世界史上最大的經濟帝國。同時英國也建構了現代世界的原型。**

不過，要維持龐大的經濟工業體系，以及更新工廠設備等，都非常需要投注大量的時間和金錢。

晚一步邁向工業化的國家，由於可以用很快的速度和低廉的成本購置最新型的工廠設備，加上勞工成本低廉，可謂完全處於優勢的立場。

英國於十九世紀後半開始走向沒落的情況，與美國在一九八〇年代以後，由於全球化的影響而失去優勢的情況很類似。其中，最具代表性的例子是「鐵鏽地帶」（Rust Belt）。「鐵鏽地帶」原本因為製鐵和汽車產業繁榮一時，後來隨著工廠轉移到中國，如今變得一片荒涼。

解讀經濟

十九世紀末到第一次世界大戰為止的經濟變動，與現在的世界情勢有許多共通的地方，這一段歷史的教訓可以用來作為警惕的借鏡。

Turning Point

31

西元十九世紀末

經濟大蕭條使得英國的工業地位大幅下降，逐步轉型為金融帝國

受到「經濟大蕭條」（一八七三至一八九六年）的影響，英國的工業被美國和德國超前，於是逐步轉型成為金融帝國。隨著殖民地爭奪戰爭的白熱化，英德爭霸的序幕就此揭開。

6 艾菲爾鐵塔的登場與牛肉的普及

「鋼鐵時代」的象徵

在第二次工業革命中擔任「產業中樞」的是鋼鐵。巴黎著名的觀光景點**「艾菲爾鐵塔」**就是**「鋼鐵時代」**的象徵，舉世聞名。

一八八九年，在巴黎召開了第四屆世界博覽會。工程技師艾菲爾設計並建造了高達三百公尺的鋼鐵塔，而這座鋼鐵塔成為這次世界博覽會的注目焦點。艾菲爾曾建造高架鐵橋、火車站和輕軌鐵路等。當時世界最高的建築物是華盛頓紀念碑（位於美國華盛頓哥倫比亞特區），高達一百六十九公尺。艾菲爾鐵塔的出現，輕易超越了華盛頓紀念碑，成為世界第一高的建築物。在往後的四十年內，艾菲爾鐵塔都穩居世界最高建築物的寶座。

艾菲爾鐵塔是纖細優美的鋼鐵藝術品，在以往質地硬脆的鐵器時代，根本不敢想像能夠建造出這麼大的建築物。

艾菲爾鐵塔使用了約七千三百噸的精煉鋼鐵，以四支巨大的支腳畫出和緩的曲線，在中間經過三座展望台後，在頂端形成尖塔的形狀。雖然法國作家莫泊桑曾經嘲弄艾菲爾鐵塔是「玷汙巴黎名譽的怪物」，卻有多達六百萬的遊客前往參觀艾菲爾鐵塔。巴黎世界博覽會甚至有「艾菲爾鐵塔博覽會」的別稱，艾菲爾鐵塔堪稱是巴黎萬博最耀眼的代表。世博結束後，艾菲爾鐵塔被保留了下來，並成為巴黎的地標。

解讀經濟

法國政府同意在世界博覽會期間及之後的二十年，把艾菲爾鐵塔所得的收入全部歸給艾菲爾。二〇〇二年，艾菲爾鐵塔的參觀人次已經突破兩億人。艾菲爾鐵塔是第二次工業革命的象徵，至今仍屹立不搖。

促進全球化的大型鋼鐵船

鐵路、蒸汽船和海底電纜，推動了十九世紀的全球化。

一八七〇年代以後，人們開始利用鋼鐵建造大型船，蒸汽船的價格也變得較為親民。有了鋼鐵之後，比起供給量有限的木材，籌措船材也變得更為容易。一八六八至一八七九年期間，由於蒸汽船的運用使得運費減半，蒸汽船時代也正式到來。

蒸汽船的普及，加深了歐洲與南北美洲的連結，促進了新舊世界的一體化。

十九世紀，歐洲的都市化使歐洲增加了一億人口，美洲大陸除了成為歐洲過剩人口的疏通管道外，更形同歐洲的「糧倉」。換言之，美洲大陸變成了歐洲人口膨脹的收容地。大西洋的種植業（一一二頁）原本是為了生產嗜好品（砂糖）而開始的，這時被轉而用來大量生產麥類或肉類等生活糧食。

歐洲移民搭乘蒸汽船移往南北美洲，使美洲大陸成為「第二個歐洲」。

海底電纜可以瞬間將資訊傳達到遙遠的區域。路透社等通訊社透過海底電纜建立了資訊情報網，使歐洲可以即時獲得確切的資訊，相較於美國和亞洲，歐洲擁有絕對的優勢。

在當時，英鎊和美元的交易是透過大西洋的海底電纜來進行，因此，英鎊和美元的匯率就被稱為「Cable」（原意為電纜）。

話說回來，十九世紀歐洲的人口倍增，超過四千萬的歐洲人搭乘移民船或客船大舉移居到世界各地。

一八二〇至一九二〇年的一百年間，歐洲有三千六百萬人移居到美國等北美洲各地，超過三百六十萬人移居到阿根廷等南美洲各地，有兩百萬人移居到澳洲和紐西蘭。非洲和亞洲各地，也有許多來自歐洲的移民。與現在世界的情況相反，**當時的歐洲出現了大規模外移的**

■西元一八〇〇年代開始，歐洲人開始移居世界各地

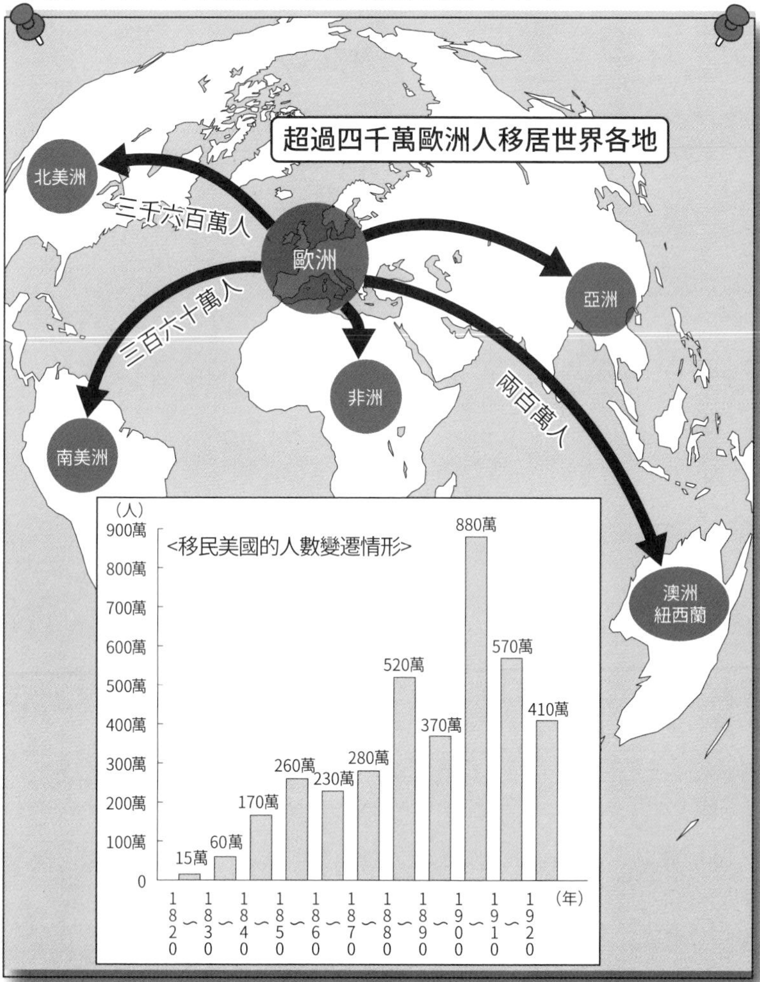

移民潮。

十九世紀，種植業在原本用於採集狩獵的廣大土地上，進行大規模開發。像是南北美洲、澳洲、非洲和東南亞等廣大區域，一下子全都變成種植業的天下。以往優沃的大自然環境，都被開拓成農場和牧場，用來生產糧食供給歐洲各工業都市。

解讀經濟

十九世紀末，透過鐵路、蒸汽船、海底電纜、蘇伊士運河，以及美國的橫貫大陸鐵路等運輸工具的發展，使全球急速邁向一體化（十九世紀的全球化）。

牛肉成為庶民的食材？

十九世紀後半，牛肉成為庶民可以普遍享用的食材。接著，一起來探討這段牛肉成為庶民食材的背景吧。

美國中西部的草原地帶，原本是龐大數量的美洲野牛（buffalo）群，和以狩獵野牛維生的印地安人的生活場所。隨著大量歐洲移民的移入與聯合收割機等機械的使用，這片廣大的土地變成大量生產小麥的大農場，以及用刺鐵網圍起來的肉牛牧場。

這些肉牛會被牛仔（cowboy）驅趕到最近的鐵路車站，再運往芝加哥，之後透過產線作業被宰殺、製成牛肉。

後來，送往芝加哥的肉牛，會先被餵食玉米等飼料，等到肉質變柔軟後才宰殺。一八八〇年代出現了**冷凍貨車**，使芝加哥的牛肉（肉品）可輸送到紐約、波士頓等都市。

至於海洋運輸方面，一八七六年，法國工程師查爾斯·特利爾（Charles Tellier）首度透過**冷凍船**「Frigorifique」號（意思是冷凍庫），成功從阿根廷運出冷凍肉品。

於是，阿根廷的牧場主人結合英國的資本，開始經營大量運送冷凍肉品到歐洲的事業。在南美洲從阿根廷延伸到巴西南部，面積長達六十萬平方公里的「彭巴草原」，飼養了一千三百萬頭以上的肉牛，這些肉牛都是用來直送歐洲市場的肉品。

不久，美國西部的肉牛也不只供應美國本土，也得以冷凍牛肉的形式運往歐洲。**牛肉普及的時代正式到來**。

以往只有貴族才能夠享用的牛肉，終於成為歐洲民眾能夠普遍食用的主要食材。

解讀經濟

十九世紀後半，繼砂糖、棉花之後，「牛肉」成為從新大陸打入歐洲市場的戰略商品。

第 7 章

大英帝國締造的英鎊霸權

1 宛如綜合貿易公司的大英帝國

亞洲強權國家的黃昏時代

在大西洋世界轉變成民族國家體制，隨著世界資本主義的成長，使經濟漸趨一體化的時期，在蒙古帝國瓦解後重建於亞洲各地的遊牧帝國（九六頁），則逐漸步入衰退期。這些帝國分別是鄂圖曼帝國、蒙兀兒帝國、大清帝國和俄羅斯帝國。

土耳其人曾建立了兩個帝國是：以東地中海為中心，由眾多民族組成的「鄂圖曼帝國」。中亞的遊牧土耳其人入侵印度而建立的「蒙兀兒帝國」，統治多數的印度教徒。

東亞的「大清帝國」征服中國後，又相繼征服內蒙古、東突厥斯坦（編注：即今天的新疆）和西藏地區。大清帝國統合了農耕世界和遊牧世界，成為「最大的中國」。

在亞洲北部的森林地帶，以皮草交易營生的「俄羅斯帝國」，則利用由遊牧土耳其人組成的「哥薩克」武裝集團，花了六十餘年的時間，征服了面積一千三百萬平方公里的西伯利亞，搖身變成統治了歐亞大陸六分之一土地的大帝國。

後來，俄羅斯由於擊敗了拿破崙遠征俄羅斯的軍隊，在歐洲的知名度大為提升，成為**亞洲「陸軍強國」**的新霸主。

不過，俄羅斯軍事勢力的中心，卻是一直以來和蒙古人共同統治俄羅斯的哥薩克（土耳其裔遊牧民族的後代）。因此，俄羅斯在實質上可以歸為遊牧體系。

到了十九世紀，這些帝國都相繼進入國力衰微的時代。

解讀經濟

在亞洲各地像蒙古帝國一樣的遊牧帝國建立了帝國政權，到了十九世紀，這些帝國都面臨了瓦解的命運。

盛行自由貿易與諜報的帝國

當時英國的經營手法與現在的綜合貿易公司無異，透過蒐集正確的情報、從事諜報活動、利用當地勢力的對立、移民，以及積極的經濟活動等，使事業規模擴及世界各地，建立了史上最大的大英帝國。

十九世紀後半，透過自由貿易、金本位制、鐵路、蒸汽船和海底電纜，「十九世紀的全球化」有了長足的進展，英國也以最大限度利用這些新時代的工具。

英國高舉自由貿易的旗幟，目標在於建設「海洋帝國」（以海上貿易和海軍為中心的開放帝國），更利用亞洲諸帝國之間的矛盾和內部對立，積極地伸展經濟的觸角。

此外，英國也讓加拿大、澳洲等地成長發展為移民社會，又把世界各地以狩獵採集為生的社會變成殖民地，建立了以大西洋和印度洋為中心的海洋帝國。

不過，一八七〇年代爆發了「經濟大蕭條」後，生活窮困的英國勞工和農民開始尋求保護貿易，世界因此轉變成大國競相爭奪殖民地和勢力圈的**「帝國主義時代」**。

解讀經濟

由維也納經濟學家波蘭尼所撰寫的《大轉型》（一九四四年出版）一書中，指出全球化對舊有社會的無情破壞，使忍無可忍的民眾開始傾向「自我防衛」的態度，進而導致民族主義、民粹主義的抬頭，最終引發了第一次世界大戰。

十九世紀後半出現了地緣政治學

在國際政治不穩定之際，近代的日本開始對地緣政治學抱持濃厚的興趣。地緣政治學的興起，源於十九世紀後半歐洲諸國之間對立的白熱化。

在與俄羅斯（陸軍強國）競爭期間，英國出現了綜合歷史與地理，從全球性的角度考察「地理條件對於國家政治軍事的影響」的地緣政治學。

英國地理學家麥金德將世界分成三個區塊來討論。他將陸上帝國俄羅斯的勢力圈，也就是歐亞大陸的內部區域稱為**「心臟地帶」（Heartland）**；將與海洋勢力英國和大陸勢力俄羅斯接壤的中國、東南亞、印度、西亞、東歐合稱為「邊緣地帶」（rimland）；將日本、菲律賓等地定位為負責補給海洋國家物資的「腹地」（hinterland），並提出掌握了心臟地帶的國家就掌控全世界的論點。

解讀經濟

麥金德認為英國身為海洋國家，陸軍實力相對薄弱，不可能去攻略被凍結的北極海守護的俄羅斯（心臟地帶）。因此，英國避開了陸上的作戰，透過情報操作和謀略去侵略亞洲。

■麥金德的「心臟地帶」說

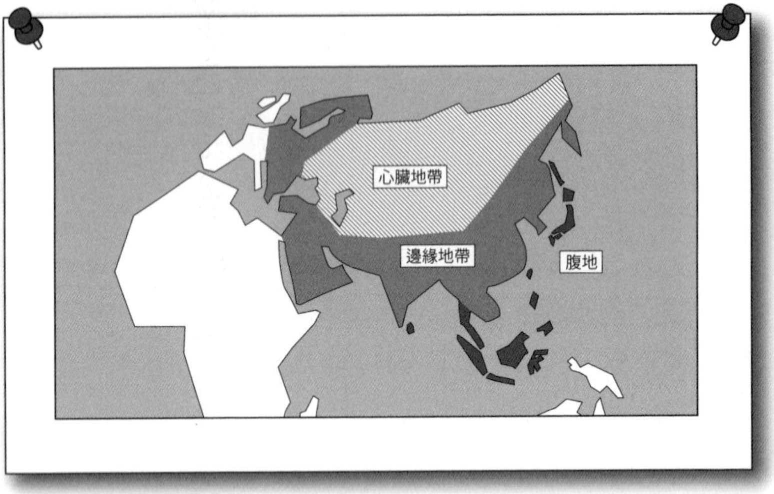

英國與俄羅斯的大博弈

氣候嚴寒的俄羅斯由於資源枯竭，使繁盛一時的皮草交易逐漸沒落，加上糧食的生產極為困難，只好透過陸軍強行實施「南下政策」。

位處北方侵略性強大的俄羅斯，開始進軍中亞、西亞的伊斯蘭世界，與清朝的勢力分庭抗禮，兩者在中亞的遊牧世界形成了兩股勢力。

俄羅斯利用哥薩克的武力蠶食了鄂圖曼帝國和伊朗的領土。十九世紀後半，俄羅斯進一步利用「第二次鴉片戰爭」（一八五六至一八六〇年，英法與清朝的戰爭）侵略已然走向衰微的大清帝國，透過《璦琿條約》（一八五八年，俄羅斯與清朝簽訂有關濱海邊疆州周邊的條約）和《北京條約》（一八六〇年）在北滿洲和濱海邊疆州建立了據點。

十九世紀後半以後，三個帝國（鄂圖曼帝國、蒙兀兒帝國、大清帝國）和俄羅斯由於沒有跟上近代化的腳步，逐漸被以海洋國家英國為首的新興歐洲勢力壓制得難以翻身。

不過，英國的陸軍實力薄弱，在陸地上根本就不是俄羅斯的對手。

克里米亞戰爭到日俄戰爭期間（十九世紀後半），南下的俄羅斯與英國之間，在巴爾幹半島、烏茲別克、阿富汗，以及東亞的渤海周邊等**歐亞大陸各地，展開了一連串的勢力爭奪戰，這段英俄之間的權力鬥爭被稱為「大博弈」**。

俄羅斯取代了舊有的遊牧勢力成為陸上霸權的中心，並與海上霸權英國展開了一連串的勢力爭奪戰。

解讀經濟

根據以往的觀點，對於十九世紀亞洲的從屬地位，都單純主張是受到歐洲的侵略而被殖民地化。其實，亞洲的主要區域在更早之前就已經受到遊牧帝國的侵略；俄羅斯帝國是一個侵略性的帝國，它實際上與「蒙古帝國」一樣，意圖以武力掌握歐亞大陸的霸權。

由土耳其人統治阿拉伯人和斯拉夫人等民族的「鄂圖曼帝國」，由於埃及的獨立、斯拉夫民族運動的勃興（巴爾幹半島），加上俄羅斯的侵略、近代化的失敗、積欠歐洲銀行龐大債務等不利因素，終於在十九世紀後半急速走向衰微。

最後，鄂圖曼帝國在「第一次世界大戰」（三一〇頁）時加入德國的陣營，並於敗戰後解體。根據《賽克斯．皮科協定》（三一一頁），阿拉伯世界便被英法兩國統治。

Turning Point

32

西元十九世紀

英國成為史上最大的海洋帝國而成就其霸權

如同英國經濟學家亞當・斯密和李嘉圖的建議，英國高舉自由貿易的旗幟，透過移民和瓜分政策，使亞洲各帝國分崩離析，最後成為史上最大的海洋帝國，掌握了霸權。

2 成為大英帝國基石的「印度帝國」

什麼是亞洲的三角貿易？

在大西洋市場，棉布（二一三頁）被當作戰略商品大賣特賣，從印度進口的棉布數量也有明顯的增加。因此，一八四〇至一八五〇年代期間，英國流向印度的白銀增加到四倍之多。此外，**由於工業革命所引起的紅茶熱潮，也一舉擴大英國與清朝之間的「紅茶」貿易規模**，使英國出現了白銀嚴重不足的問題。

英國為了補救白銀不足的問題，也為了能夠持續穩定地進口紅茶，於是透過軍事力量征服了印度（武力鎮壓西帕依叛亂〔二六〇頁〕），打造了**「亞洲三角貿易」**體制。

所謂的亞洲三角貿易，就是指由英國向印度輸出機械製棉布，印度孟加拉地區所栽植的鴉片則輸往清朝，清朝的紅茶則輸出到英國的體制。英國由於白銀存量不足，當時只能透過這種方式來侵略亞洲。

■西元十九世紀中葉，英國建立的「亞洲三角貿易」

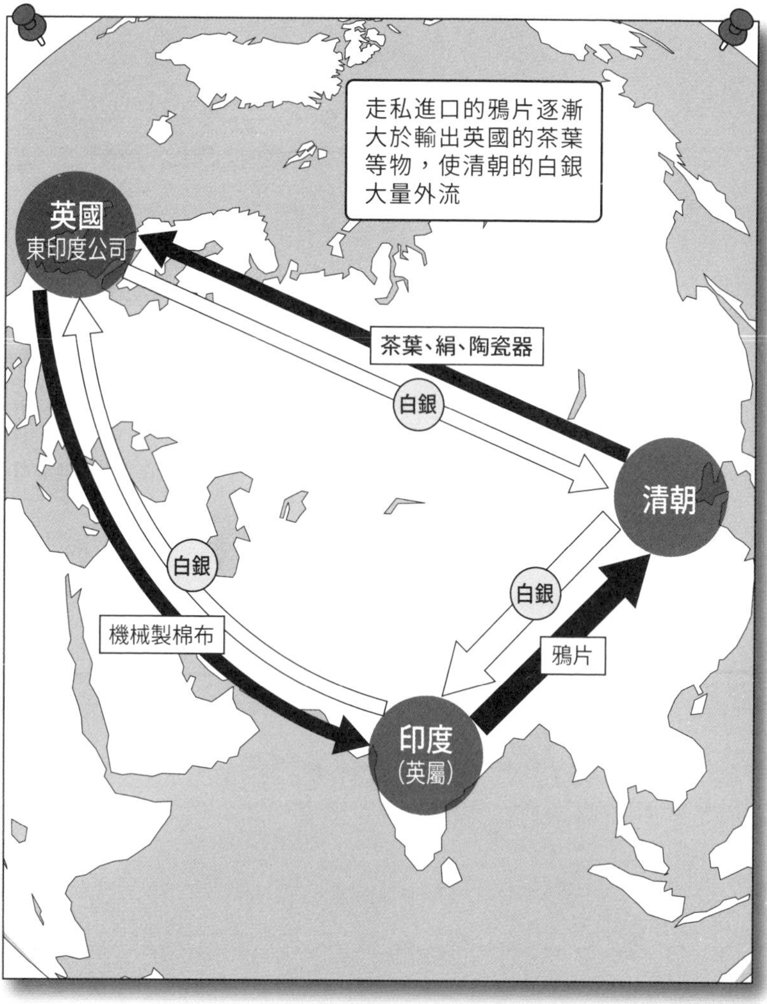

英國建立亞洲三角貿易的關鍵，在於先掌控了印度的棉業。

傳統的印度棉業，逐漸被免稅進口的廉價英國機械製棉布摧毀殆盡。一八三五年，英國駐守印度的本廷克總督，曾寫下一段恐怖的報告書，敘述眾多因失業死亡的印度織布工人，他們橫屍在平原上，白骨將平原鋪成一片雪白。廉價的機械製棉布使織布工匠的技能無用武之地，使印度成為英國傾銷工業製品的巨大市場。

解讀經濟

英國仿照大西洋三角貿易，令印度經濟和中國經濟產生連動關係，並打造出一套經濟統治的體制，這就是亞洲的三角貿易。

印度帝國等同於英國的「合營公司」

英國東印度公司雇用印度的傭兵「西帕依」（Sepoy，波斯語為「士兵」之意），利用蒙兀兒帝國的分裂和混亂，花費了一百年的時間建立了統治印度的體制。不過，隨著英國東印度公司影響力的增強，印度人不滿的情緒也逐漸高漲。

Turning Point

33

西元十九世紀中葉

英國打造亞洲三角貿易以控制印度和清朝

英國東印度公司由於沒有足以侵略亞洲經濟的大量白銀，於是巧妙地連結英國的機械製棉布、印度的鴉片和中國的紅茶，建立了一套亞洲貿易體制，成功地掌控了亞洲的經濟。

解讀經濟

亞當・斯密曾批判東印度公司為「兼具國家組織的笨重和私人企業的貪婪而組成的最差勁組織」。

一八五七年，英國東印度公司的強勢作風，最終引發了由印度領導階層的傭兵發起的獨立運動**「西帕依叛亂」**（印度民族起義）。

不過，這場獨立運動卻是悲劇收場。叛軍集結於德里，擁戴早已名存實亡的蒙兀兒老皇帝，意圖重新奪回印度人的政權，卻在一八五九年遭到平叛鎮壓。老皇帝被流放於緬甸，最終病死。蒙兀兒帝國從此宣告滅亡（一八五八年）。

一八七七年，英國建立了「印度帝國」（由維多利亞女王統治）將印度納入統治版圖，印度於是成為海洋帝國英國的直轄領地。

換言之，英國解散了印度人眼中惡名昭彰的東印度公司後，將蒙兀兒帝國重整為「印度帝國」，並納入大英帝國的一部分。

目前發行港幣的**渣打銀行**（Standard Chartered，前身稱為 Chartered），就是在一八五八年獲得維多利亞女王的特許，繼東印度公司之後所成立的銀行。

同樣發行港幣的**香港上海滙豐銀行**（HSBC），原本是鴉片商人的怡和洋行（日本代理店為哥拉巴商會）用於匯款的銀行。大英帝國可以說至今仍在亞洲留下了延續。

英國將擁有三億人口的印度世界（蒙兀兒帝國）加以重整後再併入英國，這個行為以現在的說法，相當於國際企業掌控了當地企業（或是合營公司）一樣。

印度成為英國的直轄領地後，約七十年間都等同於英國的金庫，並成為侵略亞洲的據點。英國以印度為據點，將觸手伸往伊朗、阿富汗和東南亞等地。

解讀經濟

第一次世界大戰前，英國的海外投資收益大部分來自於印度，填補了英國三分之二的國際收支赤字。印度因此被視為「讓大英帝國的皇冠閃閃發亮的最大顆鑽石」。建立帝國體制的中心人物迪斯雷利，甚至曾提出要把首都從倫敦遷到印度。

3 清朝經濟因鴉片茶毒而衰敗

白銀的大量外流導致農業帝國的傾圮

十八世紀末的清朝，英國東印度公司幾乎占據了廣東所有的對外貿易。

工業革命後，英國對紅茶的需求大為增加，從清朝——當時唯一的茶葉出口國家——進口的茶葉也急遽增加。

不過，清朝的商人要求英國以白銀購買茶葉，但英國手邊卻沒有足夠的白銀，於是在進口紅茶上遇到了很大的難題。

因此，英國商人將東印度公司在孟加拉地區大量生產的鴉片引進清朝，意圖透過鴉片維持雙方貿易的平衡。鴉片的傳入，導致中國鴉片中毒的患者遽增，流入清朝的鴉片量也愈來愈大，最後甚至遠大於出口的紅茶，清朝的白銀因此大量外流（二五七頁圖）。

英國的鴉片出口量在一八〇〇至一八三八年期間增加了九倍，為了購買鴉片使清朝大量

Turning Point

34

西元十九世紀後半

中國的經濟因為鴉片流入和白銀大量外流而崩解

鴉片的流入使清朝的白銀大量外流，也讓白銀的價格也隨之高漲，農民的生活苦不堪言，中國的近現代史就在一片混亂中揭開了序幕。

花費白銀。

白銀的價格高漲到兩倍以上。由於清朝採取「地丁銀」稅制，農民須將作物賣給商人換取白銀用以繳稅，這使得農民的生活驟然陷入困境。

受到白銀價格高漲的影響，農民必須承受兩倍的稅務負擔，生活也變得無以為繼。因此，太平天國等大規模的農民起義相繼爆發，清朝也邁向衰微。整個中國就此進入了長期經濟貧困的時代。

經濟的瓦解所衍生的社會混亂，交織成中國現代史的背景。

「海洋帝國」英國透過讓清朝的白銀大量外流的有利手段，拔除了農業帝國清朝的經濟命脈。

清朝逐漸意識到再放任不管將有亡國之虞，於是任命欽差大臣林則徐徹底取締鴉片。林則徐打算從走私業者那邊沒收鴉片，並予以燒毀。英國卻派兵到中國發動了**「鴉片戰爭」**（一八四〇至一八四二年）。

英國以壓倒性的軍事實力在戰爭中取得優勢，最後清朝被迫簽訂不平等條約《南京條約》，除了割讓香港外，還必須接受最惠國待遇等不利的條件，從屬於英國的態勢愈趨明顯。

> **解讀經濟**
>
> 中國現代史在人民的經濟破產和窮困下拉開序幕。不過，戰後日本所研究的政治史和革命史，大多沒有談及中國當時的經濟社會狀況，使我們無法對現代中國有正確的認識。中國現代史的開端，不能單用中華人民共和國的成立作為分水嶺，而是始於一段克服社會崩潰（十九世紀中葉以後）的過程。

日本銀行的成立

一八六八年日本實施明治維新，接著在一八七一年實施廢藩置縣，諸大名的債務則由明治政府一肩扛起。同年，日本也頒布了「新貨條例」，開始採用金銀複本位制（實際上是以銀幣為中心）。

根據國立銀行條例（一八七二年），大藏卿（編註：等同於今日日本的財政大臣，相當於財政部長）大隈重信允許第一（三井組）到第一百五十三間國立銀行（仿效美國的國家銀行成立）作為「民營銀行」來發行紙幣。

不過，「西南戰爭」（一八七七年）爆發後，為了籌措鎮壓戰亂的費用，各家國立銀行開始濫發法定貨幣，引發了通貨膨脹。

一八八二年，新上任的大藏卿松方正義為了解決通貨膨脹的問題，仿效英格蘭銀行建立了中央銀行的「日本銀行」，負責發行和管理通貨的工作。

原本的國立銀行從此變成不具備紙幣發行權的一般銀行。順帶一提，日本銀行是由政府和三井、三菱、安田等民間財團所共同出資的銀行。

一八九五年，日本在甲午戰爭中獲勝，透過《馬關條約》獲得了巨額的賠償金兩億三千萬兩白銀後，於一八九七年**建立了金本位制**（純金七五〇毫克為一日圓）。日本的經濟也像英國一樣，採取了金本位制。

解讀經濟

明治初期，處於東亞白銀經濟圈中的日本，也是以銀幣為中心。甲午戰爭後，歐洲的勢力開始入侵東亞，日本也仿效英國改為金本位制。這件事與日後英日同盟的締結、日俄戰爭的爆發息息相關。

4 歐洲列強瓜分非洲

非洲在二十年內被瓜分殆盡

直到約一八七〇年為止，歐洲一直都稱呼世界第二大面積的非洲大陸為「黑暗大陸」。

不過，在一八八〇年代以後，歐洲諸國卻開始急速瓜分非洲，直到一九〇〇年左右，除了衣索比亞和美國人為了安置解放的奴隸所建造的賴比瑞亞（一八四七年獨立）外，非洲全土都被歐洲諸國瓜分殆盡。

英國掌控了加拿大、澳洲和印度等廣大殖民地之外，同時也是主要發起瓜分非洲行動的國家。

目前非洲政治分裂和經濟落後的情勢，就是歐洲諸國的殖民行為所留下的不良後果。

歐洲諸國認定非洲為「無主之地」，爭先恐後地占領，並把所占領的土地變成殖民地。

歐洲諸國無視於非洲歷史，只考慮本國的方便或國家之間的利害關係，就把非洲的國土以直線（國界線）的方式進行分割。

各國在紙上擅自決定的國界線，使日後非洲諸國獨立後，仍然留下不符合實際情勢的國界線，這是至今非洲各民族之間紛亂不休的一大原因。

比利時國王的野心引發了瓜分非洲的行動

引發了非洲瓜分行動的源頭，起於非洲大陸中央的剛果（薩伊）河流域的紛爭。一八七七年，美國新聞記者史坦利到剛果河流域探險，發現該地具有重要的經濟價值。當時的比利時與荷蘭不同，手上尚沒有任何殖民地，比利時國王利奧波德二世於是計畫將剛果變成本國的殖民地。

他雇用史坦利成立了國際剛果協會，假借學術探險的名義與當地原住民的酋長簽訂了多達四百條的保護條約，並在二十餘處設下據點，為占領剛果做了各種準備，不久就突然宣告剛果為比利時所有。

對於比利時單方面宣告占領剛果的宣言，英國和葡萄牙都表示強烈反對。此時，也想在非洲分得殖民地的俾斯麥（德國）跳出來擔任協調者，邀請十四個國家共同召開了**「柏林會**

議」（一八八四至一八八五年，會議持續了一百天以上）。

在會議上，歐洲諸國莫不燃起侵略非洲的熊熊野心，於是共同制定了瓜分非洲的協議。結果**非洲被視為「無主之地」，諸國協議如果某國在某地區率先完成「實際支配體制」，就承認其支配該地的事實，也就是對非洲採取「先占權」（有效占領）的瓜分原則**。

至於引發了瓜分行動的剛果，也在一八八五年的柏林會議上，最終承認了比利時國王利奧波德二世的「先占權」（以剛果河流域的中立和自由貿易等為條件）。九十萬平方英里的「剛果自由邦」，最後被劃為比利時國王利奧波德二世的私人領地。

這種「先搶先贏」的競爭行為，使非洲像被狂風掃過一般迅速被瓜分殆盡。

非洲被拉進資本主義的世界

非洲殖民地上的居民，被歐洲人課以人頭稅或戶稅（以家族為單位課稅）。為了支付這些稅金，非洲人只得在歐洲人所經營的礦山或種植業謀得工作，或根據歐洲人的需求去栽種經濟作物，才能獲得現金收入來繳稅。

非洲人在不知不覺中，就被迫加入了世界資本主義的一員。

解讀經濟

在短短二十年內被歐洲列強瓜分殆盡的非洲，背負了民族對立、部族對立和宗教對立等眾多問題。因此，現在的歐洲，就必須承受來自非洲的難民問題和移民問題的苦果。

Turning Point

35

瓜分非洲是歐洲列強的自私行為

西元一八八〇年代至一九〇〇年

非洲被歐洲諸國視為「無主之地」，並共同制定了先占權的原則。在一八八〇年代以後的二十年內，非洲就被歐洲諸國瓜分殆盡。

5 國際金本位制與英鎊成為世界通用貨幣

引進財富的英鎊紙幣

霸權國家英國由於掌控了四分之一的世界土地和人口，亟需建構一個能夠掌控世界經濟的全新金融體制。

英國為了解決歐洲白銀不足的問題，建立了以高價的黃金為本位貨幣的國際金本位制，並在隨時可以兌換黃金的原則下，發行了大量的英鎊紙幣。

這就是紙變成通用貨幣的由來。

綿延了四千年的銀幣時代，從此轉變成紙幣的時代，堪稱金融史上的巨大變革。

普法戰爭（一八七〇至一八七一年）後，隨著德國（由猶太系銀行掌控國家經濟）轉換成金本位制，接連帶動了**全世界從銀本位制轉換成金本位制的趨勢**，美國、日本也紛紛跟進。

不過，當前全世界所挖掘出來的黃金存量，統合起來也不過三個半到四個奧林匹克標準泳池的存量而已，根本無法支撐英鎊紙幣全數兌換成黃金的數量。

英國早就瞭解到英鎊紙幣無法全數兌換成黃金，因此在一開始就沒打算進行兌換。如果政府針對經濟危機有確實的處理機制，讓人民相信紙幣永遠都能夠兌換成黃金的話，人民也不會刻意要求要把紙幣兌換成黃金。

解讀經濟

英國營造出黃金產量非常充足的假象（有巴西、美國加州、澳洲、阿拉斯加和南非等淘金潮的支持），將英鎊紙幣（虛擬的金幣）推行到全世界。不過，實際上全世界的黃金存量，只有三個半奧林匹克標準泳池的存量而已。

由「英鎊」推動世界的時代

英國的通貨單位英鎊，正式的名稱是「pound sterling」。

「pound」原本是古羅馬的重量單位，「sterling silver」是純銀的意思。

英鎊起源於中世紀的英國曾仿效古羅馬，以一磅的銀鑄造二百四十個銀幣的由來。因此，英鎊一詞，顯示出英國也曾以銀幣為中心的歷史。

英國轉變成金本位制是在「光榮革命」（一五二頁）之後，由於當時歐洲大陸的白銀價格高漲的緣故。

當英國的銀幣被熔毀，以生銀的形式流向歐洲大陸時，造幣局的官員牛頓（即發現萬有引力的物理學家）提出了以金幣為中心的通貨制度。

如同本書二〇四頁所述，一八一六年英國在拿破崙戰爭後，透過鑄幣條例確立了「金本位制」。一八二一年，更發行了**可以與黃金互換的英鎊紙幣**。

由於當時的經濟規模擴張迅速，銀幣的供給逐漸吃緊，在某種程度上來講，以黃金為支撐發行紙幣是必要之舉。

英國發行紙幣，可以說是順應了時代的趨勢。

由於英格蘭銀行的通貨發行量，被限制在黃金存量上再加一千六百萬英鎊的額度之內（二三六頁），逐漸無法滿足經濟成長的需求。據說當時的英格蘭銀行，黃金存量還不足一千萬英鎊，在調配上非常吃緊。

德國晚了英國約半世紀的時間，在一八七一年改行金本位制。美國在一八七三年，日本則是在一八九七年。

一九〇〇年，世界的主要國家紛紛轉換成金本位制，英格蘭銀行的黃金存量不足逐漸演變成大問題。

英國身為「世界銀行」長期貸出龐大金額的黃金，並透過投資使英鎊通行於全世界。因此，黃金存量不足變成極為嚴重的問題。

解讀經濟

透過對黃金的信仰，英鎊紙幣掌控了十九世紀的世界經濟。其背後的操作者，是透過英格蘭銀行掌控了英國財務的猶太人羅斯柴爾德（二〇〇頁）。

貿然發起波耳戰爭的理由

英國賭上國運強行發動了**「波耳戰爭」**。

一八八六年，由南非的波耳人（Boer，意思是「農民」，荷蘭裔移民的後代）所建立的川斯瓦共和國裡，人們於維瓦特斯蘭地區中發現了金礦。共和國政府將這個地區收歸為國有，對於蜂擁而至的英國採礦者，給予出借分區採礦權，實施了分區採礦制度。

直到一八九九年，川斯瓦共和國境內陸續發現了黃金的大礦脈，躍升為世界最大的黃金產地。

另一方面，在《貨幣法》的規定下，礙於黃金存量有限，英鎊紙幣的發行上限受到了限制，英格蘭銀行（二三六頁）面臨迫切需要提高黃金存量的窘境。因此，英國打算合併川斯瓦共和國和奧蘭治自由邦，試圖進一步掌控世界第一的黃金產地和鑽石產地，於是不顧一切發動了侵略戰爭「波耳戰爭」（一八九九至一九〇二年）。

為了對付採取游擊戰奮起抵抗的波耳人，英國無視國家財政危機發行了赤字國債，投入約四十五萬人的軍隊進行焦土作戰，最後不顧國際輿論的反對強行合併了兩國。

英國為了取得發行英鎊紙幣所需的大量黃金，對南非發動了侵略戰爭。

戰爭結束後，英國為了對波耳人（白人）進行懷柔政策，對原住民黑人實施了徹底的**種族隔離政策（Apartheid）**。

解讀經濟

英國的觸手遍及全世界，宛如現在的貿易公司和國際企業一般，高舉著自由貿易的旗幟，在大英帝國的領域裡自由穿梭，掌控著印度人等諸民族的經濟活動。英國以本國為中心，分別稱呼亞洲各區域為「近東」（東地中海）、「中東」（西亞）和「遠東」（東亞）。不過，印度卻沒有上述區域的名稱，而是被視為英國的一部分，稱為英屬印度。

第 8 章

大躍進的美國經濟

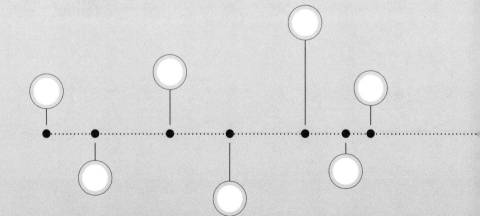

1 美國的經濟曾經一團混亂

美國各州與紐約之間的通貨戰爭

移民國家美國在東西長約四千五百公里、南北長約兩千五百公里的廣大土地上，建立了國家，她曾經是一個雜亂無章的國家。人民的成員，有以各種理由離開歐洲的貧窮小農民，也有使喚黑人奴隸的富裕棉花種植業經營者（美國南部）。

一直到十八世紀中葉為止，美國都是英國的殖民地，最後終獲獨立（一八八頁）。十九世紀後半，美國開始發展鐵路建設，使國家的經濟急速起飛，逐漸成長為異於歐洲的新興國家。

不過，美國由於在短時間內急速開發了廣大的土地，導致國家的制度和體制都處於一團混亂的狀態。

美國人民透過開疆闢土，的確培育了「草根民主主義」的精神，但各州之間卻是勉強拼湊成一個七零八落的國家，沒有形成一個完整的國家體制。

美國建國初期的混亂狀態，反映在通貨（經濟的「血液」）的長期戰爭上。

當時，美國各州長期針對通貨問題而爭執不下。

美國獨立後，第一任大總統華盛頓就職（一七八九至一七九七在任）時，曾經擔任華盛頓副官的漢米爾頓，也成為美國第一任財政部長。

漢米爾頓認為，為了讓美國成為真正獨立的國家，首先要發展產業建設，才能讓美國脫離身為農業殖民地的處境。因此，為了促進美國經濟活動的發展，他開始著手創設**擁有通貨發行權的美國第一銀行**（兩成由政府出資，其餘則由紐約和國外的金融資本出資）。

不過，當時的美國只是一個新興國家，金融大權都掌握在倫敦的銀行手裡。南部各州由於不滿美國的金融受控於紐約和英國的銀行家，堅決反對美國第一銀行的設立。

美國第一銀行最後不顧多數州的反對，勉強建立成功並營運了一段時間。後來，美國第七任大總統，也是出身美國西部的民粹主義政治家傑克森（一八二九至一八三七年在任）為了攏絡民心，以北部的金融資本和中央銀行受到海外銀行掌控，因而侵犯了州的經濟自主權為由，不顧議會的反對，在一八三二年廢止了美國第一銀行。

銀行的設立許可和管制的權限也因此下放到各州，一八三〇至一八三六年期間，美國的銀行數也由三百三十間倍增到七百一十三間。

州議會將銀行視為自發性的個人組合，輕易就核准銀行的設立申請，**各州的銀行又各自擁有紙幣的發行權**，最終引發了**多種紙幣氾濫**的問題。

每個地方都各自發行自己的紙幣，造成美國經濟的混亂。

解讀經濟

對於當時仍是農業社會的美國來講，紐約和波士頓是格格不入的存在。尤其握有壓倒性金融實力的紐約銀行，受到羅斯柴爾德等英國銀行勢力的影響頗深，使美國國內面臨通貨問題而動盪不安。

七千種紙幣與五千種偽鈔

美國在南北戰爭前就已經步入經濟成長的階段，但是由於各州的權限過大，導致國家的體制無法統一。

南北戰爭時期，美國約有一萬六千間銀行，推估大約發行了多達七千種的銀行券（通貨），並有約五千種偽造的銀行券（偽造通貨）於市面上流通。

Turning Point

36

西元一八三二年

銀行氾濫使美國經濟發展落於人後

美國原本想像歐洲那樣設立中央銀行（美國第一銀行），卻因為各州的權限過大而宣告失敗。取而代之的是小規模銀行的氾濫，並各自發行不同的通貨。這些原因使美國無法在經濟上建立統一的體制。

當時美國企業甚至要將「分辨偽鈔的辨法」納入必學教材，可以想見當時偽鈔猖獗的嚴重程度。

目前美元的偽鈔也很多，如果拿著高面額的紙幣去購物，店家大都不會給你好臉色看。美國民眾對於不穩定的貨幣沒有信心，大都有使用信用卡消費的習慣。

對於貨幣的不信賴感，是美國成為信用卡社會的理由之一。

解讀經濟

美國第一銀行被廢止後，國內發行了各種通貨，使美國民眾普遍對通貨抱持著不信賴感。這也是美國會成為信用卡社會的理由之一。

2 南北戰爭演變成慘烈的相互殘殺

不可能相互妥協的美國南部與北部

美國北部的戰爭宣傳將「南北戰爭」稱為「奴隸解放戰爭」，教科書也直接稱呼南北戰爭為「奴隸解放戰爭」。

不過，南北戰爭的真實背景，是課徵全世界最高保護關稅的美利堅合眾國（北部），透過棉花的生產，藉此與英國維持密切的關係，但南部十一州卻主張自由貿易，意圖脫離合眾國獨自成立**「美利堅聯盟國」**。因此南北雙方才爆發了南北戰爭。

北部如果讓南部脫離出走，就會失去出口棉花的收入，於是動用武力想要將南部強行留在美利堅合眾國。

這場南北兩軍合計約有六十二萬人死亡的悲慘內戰，就是**「南北戰爭」**（一八六一至一八六五年）。

在第二次世界大戰中喪生的美國士兵約三十二萬人，兩相比較就可以得知這場內戰的慘烈程度。

換言之，南北戰爭就是美國南北的人民，在國家意識薄弱的前提下，彼此都將對方視為外人所發動的戰爭。如果國家內部十分團結，就不可能會發生這樣的事。

一八六二年，於南北戰爭期間，林肯為了對西部諸州表示友好，發布了攏絡人心的**《宅地法》（Homestead Acts，《自耕農創設法》）**。政府釋出西部二十萬坪（約六十五公頃）的國有土地，讓連續五年在西部開墾的二十一歲以上男性戶主，僅需繳交手續費，就可分得部分的國有土地。

這項法令讓歐洲生活貧困的人民歡欣鼓舞、躍躍欲試。

他們想盡辦法籌措船費渡船到美國，懷抱著只要辛苦數年就可以成為大地主的「美國夢」。南北戰爭後，有大量的歐洲移民湧進美國。因此，在短短的二十五年內，西部的荒地就被開拓殆盡。

在歐洲經濟大蕭條時代（二三四頁），美國西部宛如是大量歐洲失業民眾的收容處。

Turning Point

37

西元一八七〇至一八九〇年代

美國經濟由於開拓西部和吸收大量的移民而急速成長

南北戰爭後，美國的經濟由於大量移民的湧入、西部的開拓，以及橫貫大陸鐵路的建設而有了高度的經濟成長，最後發展成為世界第一的工業國家。

解讀經濟

《宅地法》為處於經濟大蕭條的歐洲提供了美好的美國夢，使大批的歐洲人移往美國，這些歐洲移民生力軍造就了移民大國美國。

因南北戰爭，使得紙幣暫時獲得整合

如前所述，南北戰爭是世界史上規模最大的國內戰爭。戰爭所耗的費用十分龐大，這也是移民國家特有的情形。

一八六二年，林肯總統允許受政府掌控的國家銀行，在其承攬國債百分之九十的範圍內發行國家紙幣。這個政策是意圖以不需支付利息的國家紙幣承接國債，但是卻讓一直以來透過國債賺取利息的大商人蒙受損失。

這前所未有的**國家紙幣，是以綠色油墨印製的，故被稱為「綠背紙幣」**（Greenback）。直到一八七一年為止，總發行額度高達三億美元。

由於綠背紙幣是法定貨幣（不兌換成金、銀的紙幣），無可避免地引發了通貨膨脹。相較於戰前的一八六〇年，戰後的物價漲逾兩倍之多。吃了敗仗的南部各州更是悲慘，受到通貨膨脹的影響，物價居然高漲了九十倍。

戰後不久，林肯總統被暗殺，財政部開始回收綠背紙幣。有關林肯的暗殺事件，據說與國際金融資本家有關，多數人認為是這股勢力在背後提供了暗殺行動的資金，因為他們當初強烈反對林肯政權掌握美國的通貨發行權。暗殺事件後，民營銀行也的確恢復了美國的通貨發行權。

一八六七年，歐洲的主要國家代表在巴黎開會，共同決議以「黃金」作為唯一的貨幣發行基準，並以其作為國際決算的支付手段。一八七三年，美國也停止鑄造美元銀幣，並決定於一八七九年起，以綠背紙幣兌換「黃金」。

順帶一提，在南北戰爭期間，美國政府也曾有系統地利用愛國心，對民間的小投資家販售國債。這也是美國成為投資社會的起點。

解讀經濟

從紙幣與銀行債務脫鉤，由國家直接發行通貨的角度來看，綠背紙幣是前所未有的創舉。不過，林肯總統在南北戰爭結束後就馬上遭刺身亡，美國政府於是回收了綠背紙幣。

暴發性的經濟成長

最初美國的經濟雖然極度混亂，但在南北戰爭一片狼藉之後，美國卻迎來驚人的經濟成長局面。

大量的歐洲移民懷抱著美國夢（到美國就可以獲得土地）而湧入美國，並開始在西部進行拓荒。美國的經濟成長，要感謝那些前仆後繼湧進美國的移民，他們提供了低廉的勞動力，並懷抱在美國大展身手的遠大夢想，他們堅定的意志和努力推動了美國的經濟發展。

在南北戰爭結束後的三十年內，美國的農場數和農場總面積都有倍數的成長，大片的荒地轉變成農地和牧場。根據一八九〇年的人口普查資料，顯示西部的「邊境」已經消失殆盡。移民們在堪稱國內殖民地的西部，大力進行野蠻的開發。

要開發交通極為不便的西部地區，需要基礎設施的支持。因此，**美國政府以四條連接大陸東西的「橫貫大陸鐵路」為中心，投入大量的資金進行鐵路建設**。最終使**美國超越英國，成長為世界第一的工業國家**。

大好的景氣形成了紙醉金迷的風潮，如同《湯姆歷險記》作者，也是小說家馬克・吐溫以**「鍍金時代」**一詞所嘲諷的那樣，這是一段欲望氾濫的輕浮時代。

解讀經濟

一八六九年，全長兩千八百六十公里的橫貫大陸鐵路宣告完工。從一八六〇年開始的三十年期間，鐵路的鋪設距離大增了五倍以上。龐大的基礎建設，使美國的工業有了令人驚異的成長。

投資美國的英國資本與ＪＰ摩根

美國西部的鐵路建設能如此迅速，歸功於英國的投資資本。面臨「經濟大蕭條」頓失投資標的的英國資本，紛紛轉向投資新興國家美國。在美國擔任窗口的是**ＪＰ摩根**，他是猶太人羅斯柴爾德家族的美國代理人，並利用外資建立了美國最大的財閥。

隨著投資事業的發展，英國投資家開始尋求，是否有公司能夠提供美國的鐵路經營情形，或美國各企業的經營資訊。於是在一八七〇年代，美國出現了對美國的鐵路債券進行信用評級的**「信用評級公司」**。當初創設的評級公司，到了二十世紀，逐漸成長為穆迪公司、標準普爾等大規模的評級公司。

美國擁有歐洲所沒有的評級證券或國債的大公司，顯示出美國是一個經濟後開發國家，其經濟也曾經受到英國掌控的事實。

解讀經濟

新興國家美國的經濟成長，有絕大部分曾仰賴於英國的投資。當時擔任接洽窗口的約翰·皮爾龐特·摩根，在羅斯柴爾德家族等龐大資金的支持下，利用債券或股票等有價證券進行併購，建立了大財閥。

3 從開拓西部到進軍中國市場

採取「中美國」（Chimerica）的基本戰略

拜鐵路建設所賜，美國的經濟急速成長起飛。美國不愧是「地大廣博」，在第一次世界大戰前，美國以美國鋼鐵公司為中心的鋼鐵生產量，連德國和英國聯手都望塵莫及。

不過，經濟也是有賞味期限的，成長總會遭遇瓶頸。

在國內開發的腳步漸緩之際，美國發現必須在經濟上制定全新的成長戰略。從人造衛星來看，美洲大陸是受到兩大洋環繞的巨大島嶼。因此，美國也注意到西邊廣大的太平洋和彼端的中國。

美國其實也是個名符其實的海洋國家。

相對於歐洲各國只鄰近大西洋，美國發現自己鄰近的還有太平洋和亞洲。

於是，美國急速發動由「內陸國家」轉換成「海洋國家」的嶄新國家戰略。

美國嶄新的外交戰略（世界政策），是將太平洋視為「新的邊境」，將加勒比海圈為己有，再從大西洋透過巴拿馬運河前進太平洋，最後把目標放在巨大的中國市場。

美國當時強硬的軍事外交政策，與目前經濟成長後的中國外交政策如出一轍。現在的中國意圖將南海圈為己有，並前進太平洋。由於當今中國的領導階層打的主意也是轉變成海洋國家，他們會反過來仿效美國的歷史，與當初的美國有相同的舉動，也是意料之中的事。

當時的美國，希望歐美之間維持互不干涉（**門羅主義**），並透過掌控太平洋來前進中國的市場。美國仿效的目標，是之前唯一成功轉型為海洋帝國的英國。

而在太平洋海域和中國市場，唯獨能成為美國競爭對手的，是同樣仿效英國而急速成長的日本（日俄戰爭後的日本）。

解讀經濟

美國在西部邊境的開發告一段落後，開始著眼於開發太平洋到中國一帶的「海洋邊境」，尋求經濟進一步成長的可能性。

義無反顧前進太平洋

紐波特海軍學院校長**阿爾弗雷德・馬漢**（海軍上校，一八四〇至一九一四年）為當時的美國籌劃了「建設海洋帝國」的戰略。

馬漢的授課內容被出版為《海權對歷史的影響》一書，不只美國深受影響，連高舉「新航線政策」，意圖挑戰英國海權的德皇威廉二世，以及曾經擔任日本海海戰的前任參謀秋山真之（日俄戰爭）等，都深受馬漢理論的影響。

馬漢的論點為創設近代海軍；建設海外的海軍基地與取得殖民地；透過掌控制海權**強化海上實力**，並根據上述論點建立艦隊和海軍陸戰隊，用以保護商船和艦隊補給基地，並將連結大西洋和太平洋兩大洋的加勒比海納為己有，經由加勒比海前進太平洋。

美國的工業中心位於大西洋岸（美國東岸），想要前進太平洋，首先要掌控身為中繼海域的加勒比海。

武斷派的美國總統狄奧多・羅斯福（老羅斯福）主張「巨棒外交」，意圖以武力將加勒比海納為己有，他發動戰爭，強行將原本隸屬於西班牙海域的**加勒比海歸為美國所有**。

一八九八年，西班牙的領地古巴發生叛亂，美國以保護美國人民生命財產的安全為藉口，派遣海軍最新的銳艦隊緬因號進駐古巴的哈瓦那港。

不過，同年的二月十五日，緬因號卻在哈瓦那港爆炸沉沒，兩百六十六名船員不幸喪生。緬因號為什麼會爆炸沉沒，至今仍是未解謎團。

有關緬因號爆炸沉沒的事件，美國的媒體一口咬定是西班牙所為，強烈主張對西班牙開戰。美國的民眾也一致主張對西班牙發動戰爭。美國於是對西班牙做出即刻撤出古巴的無理要求。

正如美國所期望的那樣，西班牙終於對美國宣戰。同年一八九八年，「美西戰爭」正式開戰。

當時的美國國務卿海約翰把美西戰爭稱為「輝煌的小戰爭」，因為美西戰爭是美國實現「世界政策」的一大契機。短短四個月內，美國就攻破西班牙，將古巴和波多黎各納入了勢力範圍。

美西戰爭期間，美國的亞洲艦隊援助了曾是西班牙殖民地的菲律賓的獨立運動。之後，美國又鎮壓獨立運動，將菲律賓變成自己的殖民地。

此外，在一八九八年，美國的移民在美國海軍陸戰隊的協助下，推翻了夏威夷王國。美國也在取得夏威夷居民（從美國過去的移民）的共識後，整併了夏威夷。美國在太平洋的正中央設置了海軍據點（珍珠港）。

美國從此搖身一變成為侵略性的海洋帝國。

■西元十九世紀末，美國進軍海洋

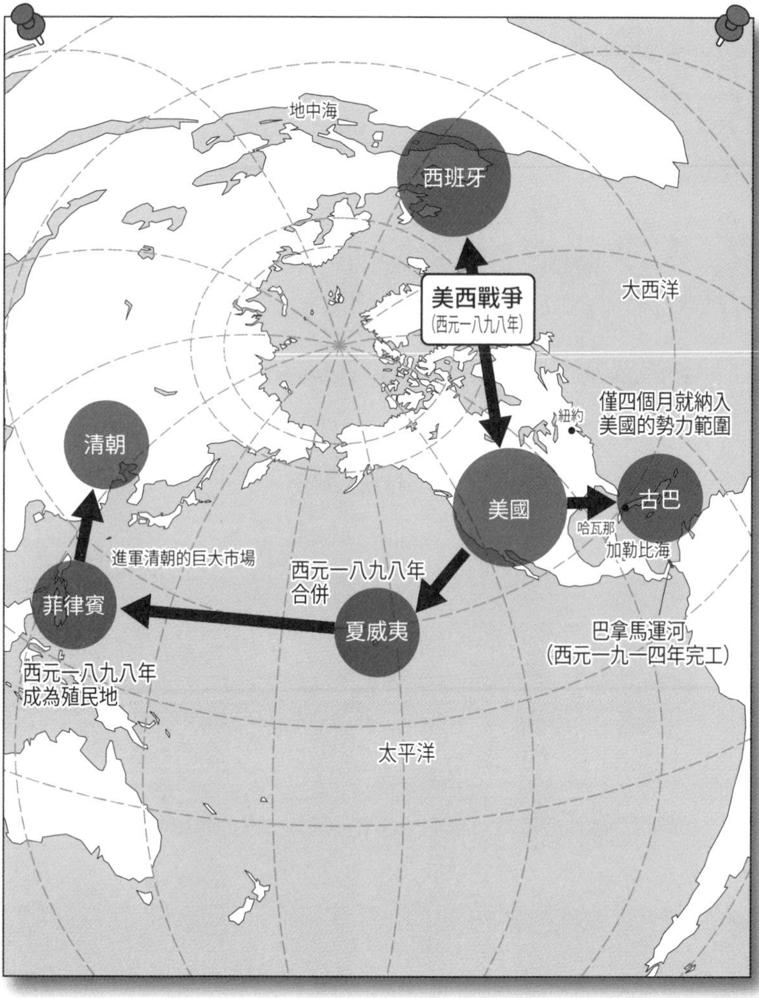

解讀經濟

美西戰爭是美國進軍太平洋的出發點。為了布署進軍的基地，美國將菲律賓的馬尼拉收為己有，並整併了夏威夷。之後爆發的太平洋戰爭，是美國將東亞納入勢力圈的戰爭，沖繩因此成為美國的進軍基地。

巴拿馬運河的擴充與頁岩油

法國人雷賽布（建設蘇伊士運河的外交官）在開鑿巴拿馬運河時，由於遭逢資金問題和瘧疾暴發而被迫中止，美國於是將**巴拿馬運河**的權利買過來，耗費了十年歲月，投入約四億美元的資金接手開鑿巴拿馬運河。一九一四年，在第一次世界大戰爆發的兩周後，全長約八十公里的巴拿馬運河終於完工。

巴拿馬運河是穿越小山的閘門式（lock）運河，必須透過閘門來調節水位，才可供船隻順利通行，船隻的尺寸也因此受到閘門大小的限制。

只有寬約三十二米、長約二百九十四米、吃水十二米以下的船隻（巴拿馬型）才能通行於巴拿馬運河，而且通行耗費的時間長達七至八小時。

由於巴拿馬運河有通行十分耗時；寬度狹窄，以致於大型船隻無法通行的問題，最後終

西元一八九八年～

Turning Point

38

美國蛻變成進軍北太平洋的海洋帝國

在開拓西部告一段落後，美國開始把目標放在進軍太平洋及掌控中國市場，意圖轉變成海洋帝國。

於在二〇一六年完成了拓寬工程。大型貨櫃船、船幅寬大的LNG船（寬約四十九米），以及LPG船（寬約三十七米）等船隻都可以通行。

換言之，承載美國頁岩氣的LNG船和LPG船，終於可以通行於巴拿馬運河。以往，從加勒比海航行到日本的大型船隻，都只能經由非洲大陸南端的好望角，並需耗時約四十五天才能抵達日本。擴寬後的巴拿馬運河，由於可供大型船隻通行，只要花費約二十五天就可以抵達日本。

從此頁岩氣可以直接輸送日本。巴拿馬運河的拓寬工程帶來十分可觀的經濟效益。

解讀經濟

美國賭上國家尊嚴投入開鑿巴拿馬運河的事業，過程異常艱難，終於在一九一四年宣告完工。不過，由於運河寬度狹窄，大型船隻和大型油輪都無法通過，經濟效益堪稱勉強而已。二〇一六年，巴拿馬運河拓寬竣工完成，經濟效益可謂突飛猛進。

4 掌控美元的大銀行和猶太人

挽救一九〇七年金融恐慌的JP摩根

第一次世界大戰前夕，美國經濟在匆促的成長腳步中也暗藏了危機。其中，最大的問題在於美國沒有中央銀行。也就是在面臨金融危機時，地方銀行沒有可以調度資金的對象。

一九〇七年，聯合銅業公司的大型採購計畫宣告失敗，提供採購資金的銀行因此發生擠兌現象。

當時美國的銀行規模很小，金融動盪有如滾雪球般迅速擴大，紐約證券交易所的平均股價，相較於去年的最高點暴跌了一半左右（一九〇七年金融恐慌，三〇二頁圖）。

在一片金融動盪的情勢中，紐約第三大信託公司尼克伯克信託破產，負責人舉槍自殺。

此時，美國最大的銀行家，同時也是大財閥的JP摩根，投入了私人財產，代替中央銀行制止了金融危機的擴大。

■西元一九〇五至一九〇九年道瓊工業平均指數的走勢(周)

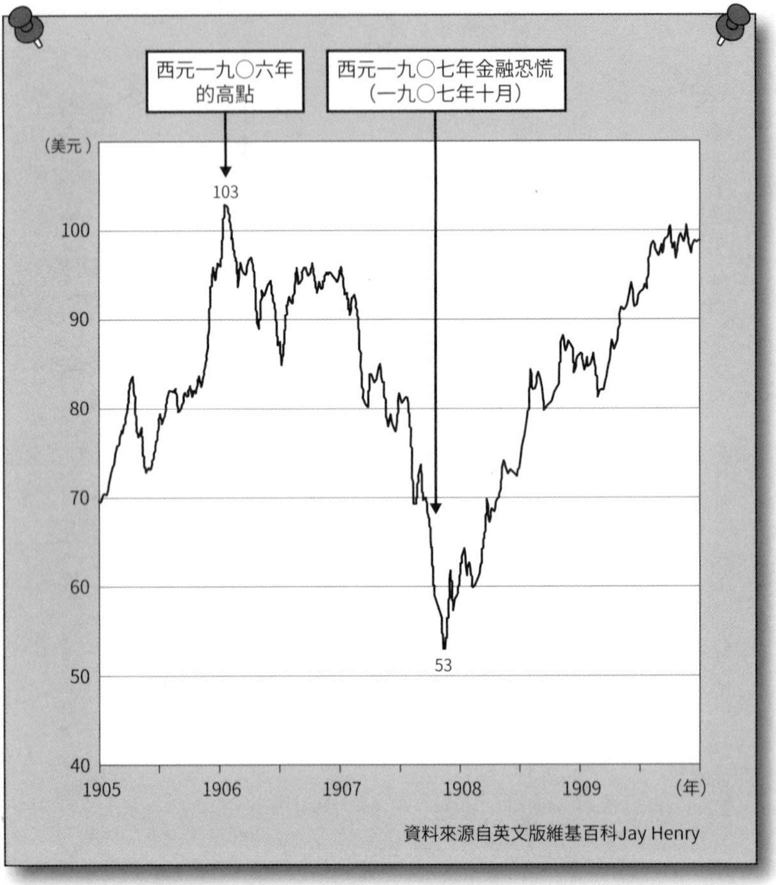

資料來源自英文版維基百科Jay Henry

解讀經濟

一九〇七年美國金融恐慌之際，英國的羅斯柴爾德和JP摩根等金融家，在華爾街握有極大的勢力。

由大銀行和猶太人聯手建立的中央銀行（FRB）

隔年一九〇八年，美國參議院著手調查金融恐慌的發生原因，為了防止再度發生金融恐慌，設立了「國家貨幣委員會」。一九一三年，紐約的大銀行和在美國投資的歐洲猶太系銀行共同協議，在華盛頓特區成立了**「聯邦儲備委員會」**（FRB，Federal Reserve Board）以及分據全美十二個地區的**「聯邦儲備銀行」**，兩者合稱為**聯邦儲備制度（也就是美國版的中央銀行）**。

聯邦儲備制度的結構如下所述：

根據美利堅合眾國的憲法規定，議會擁有貨幣的發行權，因此，聯邦儲備銀行不能發行紙幣。於是，聯邦儲備銀行發行了**「聯邦儲備券」**，用以承攬政府的國債來賺取利息。

一般來講，紙幣都被稱為銀行券，並以能夠兌換黃金為原則。不過，美國當時的紙幣卻稱為「聯邦儲備券」。

「銀行券」與「儲備券」究竟哪裡不同？雖然有點玩文字遊戲的意思，所謂「聯邦儲備券」，主要有兩種特性：不需要黃金背書、用於收購國債。

此外，發行紙幣（美元）的聯邦儲備銀行不是由政府出資，它的出資者全部來自於民營的金融機構。

美國政府對於貨幣的發行無法置喙，民營銀行則發行了「儲備券」用以收購附帶利息的政府國債。美元的特性，在於它可以從政府那邊收取利息。

解讀經濟

聯邦儲備委員會和聯邦儲備銀行相當於美國的中央銀行，這是由紐約主要的民營銀行和歐洲的羅斯柴爾德集團的銀行所共同建立的制度。聯邦儲備銀行發行了不需要黃金做背書的「聯邦儲備券」，並以收取利息的形式承攬美國的國債。

■FRB(聯邦儲備委員會)的示意圖

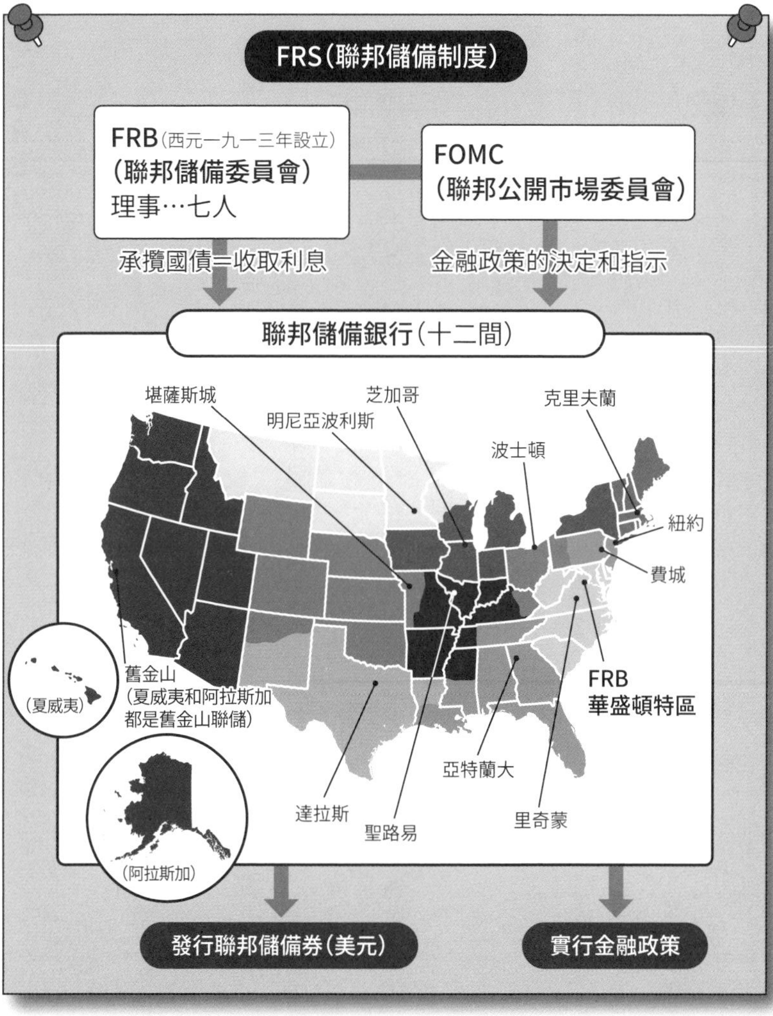

FRS(聯邦儲備制度)
FRB(西元一九一三年設立)
(聯邦儲備委員會)
理事…七人
FOMC
(聯邦公開市場委員會)
承攬國債=收取利息
金融政策的決定和指示
聯邦儲備銀行(十二間)
堪薩斯城
芝加哥
克里夫蘭
明尼亞波利斯
波士頓
紐約
費城
舊金山
(夏威夷和阿拉斯加
都是舊金山聯儲)
(夏威夷)
(阿拉斯加)
FRB
華盛頓特區
亞特蘭大
達拉斯
聖路易
里奇蒙
發行聯邦儲備券(美元)
實行金融政策

什麼是ＦＲＢ？

聯邦儲備委員會（ＦＲＢ）的介紹大致如下：

ＦＲＢ由總統任命七人為理事，任期十四年。ＦＲＢ負責監督和管制民營銀行、實施金融政策、維持支付系統，以及買賣財政部證券（國債）等工作。

受到地方分權思想的強烈影響，美國沒有單一的中央銀行，而是由主要的民營銀行在全美十二個地區出資設置聯邦儲備銀行（聯儲）。這些聯邦儲備銀行擁有發行「聯邦儲備券」（美元紙幣）的權限。

聯邦儲備銀行當中，勢力最大的是紐約聯邦儲備銀行，其出資銀行為羅斯柴爾德銀行等歐洲的猶太系銀行。當時的美國，是受到歐洲的猶太系銀行掌控的開發中國家。

此外，美國金融政策的決策單位，是由ＦＲＢ和聯儲的理事所共同組成的**「聯邦公開市場委員會」**（ＦＯＭＣ）。

美國總統甘迺迪為了確保越戰的軍事費和福祉財源的充足，以總統命令財政部發行美元紙幣。雖然在法律上是可行的，卻對金融資本的利益造成損害。

ＦＲＢ強烈反對財政部發行美元的措施。結果，甘迺迪總統也與林肯總統一樣慘遭暗殺，財政部所發行的美元紙幣也遭全數回收。

Turning Point

39

西元一九一三年

由民營銀行發行美元紙幣

美國沒有類似歐洲中央銀行的機構。一九一三年，美國建立了以FRB（聯邦儲備委員會）為中心的聯邦儲備制度。由民營銀行出資的聯邦儲備銀行，發行了稱為「聯邦儲備券」的美元，並建立了以收取利息的方式，承攬聯邦政府國債的制度。

解讀經濟

依據美利堅合眾國憲法的規定，甘迺迪總統下令政府發行美元紙幣，並以無息的方式承攬國債，此舉動卻讓華爾街大為跳腳。甘迺迪總統被暗殺後，全數回收由政府所發行的紙幣。

第9章

兩次世界大戰造就了美元霸權

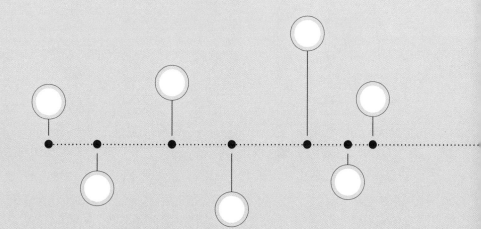

1

第一次世界大戰中轉趨強勢的美元

在大規模的消耗戰中衰退的歐洲

一九一四年六月二十八日發生了「塞拉耶佛事件」，奧匈帝國皇太子夫婦親臨波士尼亞首都賽拉耶佛，在檢閱奧匈帝國陸軍大演習時，遭到一名塞爾維亞籍十九歲大學生暗殺身亡。

針對要由哪方來審判這起恐怖攻擊事件的暗殺者一事，奧匈帝國和塞爾維亞之間發生衝突，彼此的關係也更加惡化。一個月後，奧匈帝國向塞爾維亞宣戰。這個事件使德國、奧匈帝國、鄂圖曼帝國與英國、法國、俄羅斯所組成的三國協約相互牴觸，引發了**「第一次世界大戰」**（一九一四至一九一八年）。

歐洲在歷經拿破崙戰爭（二〇〇頁）之後，已經長達一個世紀沒有再發生大規模的戰爭，這是一場突如其來的大戰。

對英國來說，這場大戰不僅是要與德國一爭高下，英國還想透過這場戰爭消滅鄂圖曼帝國，以獲得石油的控制權，同時也想藉機削弱位於難以攻克的**「心臟地帶」**俄羅斯帝國（二五一頁）的勢力。

大戰結束後，英國和法國根據戰時所簽訂的《賽克斯．皮科協定》，將阿拉伯世界分割成兩個區域治理。英國為了確保石油的控制權，除了劃分出伊拉克外，也管轄巴勒斯坦、約旦，法國則管轄敘利亞和黎巴嫩。

經過第二次工業革命的洗禮，軍事武器的效能已有了大幅度的提升。與眾國的預測相反，原本以為能夠迅速結束的戰事，誰也沒想到最後卻演變成雙方僵持不下，且大量消耗人力資源的**「總體戰」**。

隨著戰鬥機、卡車、毒氣瓦斯的出現，武器也進步到可以由遠距離發射大量的砲彈，人民因此也被捲入這場「恐怖的大戰」中。

英國長久以來積極地推行自由貿易，糧食十分仰賴國外進口，卻因為這場大戰而陷入糧食危機。

一九一七年，俄國國內爆發革命，從而退出大戰。長期與俄羅斯對峙的德國軍隊因此轉向西方戰線（法國），華爾街開始憂心英法的債權能否收回的問題，美國遂決定向德國宣戰。美國的加入，決定了這場戰爭的勝負。

大規模的戰爭使得歐洲到處都是斷垣殘壁，還累積了如山一般的債務，十九世紀由歐洲稱霸世界的局勢已然瓦解。「歐洲的時代」宣告落幕。

另一方面，新興國家美國透過門羅主義（二九四頁）主張新舊兩大陸互不干涉，終於得以站穩腳步。歐洲時代的結束，正是美國大展身手的時機。

美國透過向歐洲輸出軍需用品和農產品，賺取了大筆的財富。美國這個漁翁，在鷸蚌相爭中，得到了相當大的利益。

解讀經濟

因為龐大的黃金外流和戰債償還等原因，原本被視為低於歐洲一等的「移民國家」美國，搖身一變成為世界最大的債權國，黃金的存量也大幅增加。戰前由英國的英鎊所主導的金幣本位制，變成了金匯兌本位制（以可兌換成黃金的英鎊和美元作為「金匯兌」的基礎貨幣）。

Turning Point

40

西元一九一八年～

美國在第一次世界大戰中坐收漁翁之利

第一次世界大戰的總體戰瓦解了歐洲的經濟霸權和殖民地體制，取而代之的美國逐漸展現其經濟的優勢。

2

使德國人走投無路的巨額賠償金和惡性通貨膨脹

將所有的一切都給德國承擔吧！

一九一九年的巴黎和會，是由美國、英國、法國、義大利和日本五國所組成的最高會議，主導國為英國與法國，這兩國打算踩著德國東山再起，於是對德國施加天價的賠償金。

戰勝國的英法兩國，依據**《賽克斯‧皮科協定》瓦解了鄂圖曼帝國，並且瓜分阿拉伯世界**，又在東歐（繼滅亡的德意志帝國、俄羅斯帝國、奧匈帝國之後）建立了一個深受自己牽制的勢力圈。

至於戰爭的所有費用，他們想讓德國一肩扛下。

在這場戰爭中，美國不但還清了從殖民地時代以來，所積欠的約三十億美元的債務，並且一躍成為世界最大的「債權國」。

解讀經濟

英法兩國將美國視為新興國家並予以看輕，卻沒想到由自己主導的時代早已落幕，仍滿心以為只要將德國當作墊腳石，就能使自己的國家再度興盛。

「占領魯爾區」引發德國嚴重的通貨膨脹

德國在第一次世界大戰後的講和條約《凡爾賽條約》中，被迫放棄殖民地，失去了占國內人口約百分之十的居住地（領土的百分之十三），不僅被限制軍備，更在一九二一年被強加了天價的賠償金（相當於二十年份的國內生產總值）。

日本目前的赤字國債高達十三年份的國家歲入，也是當時被施加了非理性的巨額賠償金之故。

德國由於戰敗導致國內經濟崩盤，無法如期支付賠償金也在情理之中。法國卻以延遲支付賠償金為藉口，夥同比利時出兵（一九二三年）**占領了德國的魯爾區（德國的工業中心）**。

德國政府於是呼籲該地的勞工集體罷工，使工廠和礦山陷入無限期的停工。

德國政府為了支付勞工的薪資而大量增印鈔票，結果引發了大規模的通貨膨脹。僅半年光景，德國馬克的價值甚至大跌到僅剩戰時的一兆分之一而已，幣值可謂瀕臨破產邊緣。

這種嚴重的通膨就稱為「惡性通貨膨脹」（貨幣或存款的價值等同一張廢紙）。後來，德國財政部長沙赫特發行了用不動產作擔保的新紙幣「地產抵押馬克」，一個地產抵押馬克可以換舊的一兆馬克，然後政府再將回收的舊紙幣焚毀。此舉神奇地緩和了惡性通貨膨脹，但是在這個過程中，德國人民的生活早已陷入水深火熱之中。

解讀經濟

由於美國持有歐洲龐大的債權，為了確保借款能順利收回，必須盡量避免歐洲的經濟陷入混亂。在「道威斯計畫」（德國可延緩支付賠償）中，美國借貸資金給德國協助其復興，並鬆綁了賠償金的償還條件，使德國的經濟有復甦的機會。美國提供的資金，儼然成為支撐歐洲經濟的主要力量。

Turning Point

41

西元一九二一年

由於英法兩國索取天價賠償金，導致德國破產

英法兩國向德國求償天價賠償金，使德國在一九二三年爆發了惡性通貨膨脹。美國的資金雖然一時之間使德國轉危為安，但隨後爆發的經濟大恐慌（三三二頁）使美國不得不撤回資金，德國的經濟因此崩盤。而後因納粹的抬頭最終引發了第二次世界大戰。

日本也曾經歷過通貨膨脹的痛苦

在太平洋戰爭期間，日本發行了相當於國家歲入九倍的國債，戰事卻以慘敗告終。日本本土又在美軍的空襲下焦土遍野，最後引發了惡性通貨膨脹。

已經很少有日本人記得那時候生活的嚴峻，當時在持續的通貨膨脹下，相較於公定價格，黑貨的價格竟然高漲達四十倍。

日本政府透過凍結存款（限制每人每月領出的金額）和更換新鈔（舊鈔換新鈔）的方式，將負擔轉嫁到國民身上，度過了經濟危機。但是現今世界經濟的走勢十分不穩定，日本也還有高達歲入十三倍的赤字國債，政治和經濟的下一步該怎麼走，可謂舉步維艱。

3 美式資本主義登場

造成許多浪費的大量生產

一九二〇年代，**美國的汽車、電力、家電用品、收音機、電影等新興產業蓬勃發展，工業製品的大量生產及龐大的消費力，造就了大眾消費社會的出現。**

美國歷經十九世紀後半的「鍍金時代」（二九〇頁）、第一次世界大戰所帶來的經濟榮景，接著迎來「咆哮的二十年代」，工業生產量比第一次世界大戰前高出兩倍之多。

美國人形成了在歐洲前所未見的生活型態（**美式生活模式〔American way of life〕**），展現出傲人的高消費力。美國能有如此快速的經濟成長，歸功於汽車和家電用品的製造。

在歐洲，汽車堪比有產階級的「馬車」給人一種高級的印象；但在美國，汽車則堪比實用的「幌馬車」。

這就是賓士與福特的差異。

美國擁有一望無際的原野，馬和幌馬車是不可或缺的必需品。但是它們的價格高昂，保養和維修也很花錢。因此，美國以製作出「機械結構的廉價馬匹」為目標，製造了汽車。

改變世界史的熱門商品

亨利．福特是出生於美國密西根州農村的愛爾蘭移民後代，一八九六年他試做出全世界第一部汽車，時速可達四十公里。一九〇三年，福特建立了福特汽車公司，開始生產價格親民的大眾車款。

福特的信念，就是盡可能為社會大眾製造出堅固耐用、操作方便且價格親民的汽車。美國要將遼闊的原野轉變成井井有條的國家，非常需要汽車的協助。**「福特T型車」**就是幕後的大功臣。

一九〇八年發售的福特T型車，搭配了四缸引擎的迷人設計，擁有最高時速可達七十二公里的優異性能，卻只要八百五十美元的破盤價格，一推出就獲得超高人氣。福特公司就算一年生產一萬台福特T型車，都趕不上如雪片般飛來的追加訂單。

福特公司之所以能夠應付大量的訂單，在於他們採用了生產線的方式進行大量生產。福特在芝加哥的肉品工廠裡，看到作業員頭上有一個軌道，不停地將牛肉運送過來，方便作業

Turning Point

42

西元一九〇八年

汽車工業開啟了美式大量生產模式

第一次世界大戰後的美國，以汽車生產為中心建立了①零件標準化；②因產線作業而起的大量生產模式，從此普及全美。一九〇八年問世的福特T型車，揭開了大眾消費社會的序幕。

員進行切取，於是他將這種生產線的方式引進到汽車生產的流程裡。

雖然產線作業存在已久，不過自從福特將生產線運用在組裝福特T型車之後，這種產線作業才真正普及全美。

福特用科學的角度去分析零件的組裝和產線的關係，對產線作業進行了徹底的改良。因此，工廠的生產效率大幅提升，原本組裝一部車要花上十二個小時，後來僅需一小時三十分鐘就可以完成。一九二六年，汽車的售價甚至壓低到兩百九十美元。

直到一九二七年停產為止的十九年間，福特T型車共計生產了一千五百萬台，成功地使美國轉變成為汽車社會。

美國人擁有汽車的數量大約占了全球的半數，堪稱汽車大國。美國人對汽車有一種獨特的執著。

解讀經濟

美國幅員遼闊且交通不便，要建立全面的交通網是非常浩大的工程。美國最後透過量產成本低廉的「機械馬匹」（汽車），提振了美國的經濟。

4 電能的登場與電燈、電影、電器製品

由電能引發的生活革命

十九世紀末，「**電能**」以一種新能源的型態出現，引發了一連串的「**生活革命**」。

發電廠製造出的電能，可藉由供電系統送達任何地方，舊有的生活型態因此面臨破壞與重生。

發明家愛迪生很早就開始關注電能使用的可能性，他曾說過：「我的課題就是將這些各式各樣的道具、方法和裝置，針對某個目的以適當的方式予以搭配、組合，也就是建立起一個全面的系統。」

電能的出現，使人們逐漸建立起連結國家、地區、都市、農村和家庭的全面系統。愛迪生以京都竹子為原料發明了碳素燈泡後，一方面建立了量產燈泡的體制，更於一八八一年點亮了紐約的ＪＰ摩根大廈，後年更成功讓兩百零三棟建築物得以燈火通明。

二十世紀初，約有一萬人使用白熾燈。十年後，有將近三百萬人得以享受到白熾燈帶來的便利性，使得白熾燈得以迅速普及。

解讀經濟

電力不僅透過燈泡開啟了人類的夜生活，也透過收音機將爵士樂和職業體育帶入各個家庭，更促進了電影的普及，使人們的生活樣式有了天翻地覆的大轉變。

猶太移民與好萊塢電影的誕生

人們在運用白熾燈的光源和相機膠卷的技術創造出電影後，正式開啟了「影像的時代」。

一八八九年，由愛迪生所發明的「活動電影放映機」就是電影的前身。活動電影放映機是一種很簡單的裝置，膠卷的畫像以每秒二十四幀的速度播放，讓人們由小視窗去觀看放映，播放的都是一分鐘左右的短片。

一八九六年，愛迪生公司開發出可以在螢幕上放映影片的「早期電影放映機」。之後，出現了繳交五分錢才可以進場的「五分戲院」（nickelodeon，nickel 是五分鎳幣的通稱）。

電影之所以會大受歡迎，是因為這種簡單的娛樂活動，成為猶太人等貧窮移民的慰藉。

進入二十世紀後，人們開始製作有故事內容的電影。其中，愛德溫・波特就是以這種製片手法聞名的電影監製。一九〇三年，他以斯托夫人的著作《湯姆叔叔的小屋》為腳本製成電影，在當時蔚為話題。

受到第一次世界大戰的影響，法國和義大利的電影公司都瀕臨倒閉的危機，美國的電影公司由於沒有受到戰爭的波及，因而得以席捲全球的電影市場。

不過，由於攝影機具的使用費用高昂，從事電影製作的猶太人為了規避徵收費用，遂將製片廠從東部遷到了偏遠的西海岸，也就是位於洛杉磯郊外的好萊塢。在緊急時刻也便於逃往墨西哥。

電影製作逐漸演變成以導演為中心進行分工，大衛・格里菲斯就是領導電影製作走向分工的關鍵人物。

一九一六年，大衛・格里菲斯製作了一部大片《忍無可忍》（*Intolerance*）。在第一次世界大戰後，《忍無可忍》的拍攝地點好萊塢，躍升成為美國代表性的電影製作中心。好萊塢也成為電影的代名詞。

解讀經濟

如同音樂劇《屋頂上的提琴手》所描述的故事一樣，猶太人在反猶騷亂（Pogrom，俄羅斯迫害猶太人而起的暴亂）中為東歐和俄羅斯驅逐，最後流離到了紐約。好萊塢就在這些猶太難民（人數超過二十萬以上）的支持下，逐步成長發展。

5 流通革命促使大眾消費社會形成

連鎖商店的普及

一九二〇年代的美國，汽車支撐了大量生產、大量消費的「大眾消費社會」的龐大物流。**連鎖商店**也由此而生。

十九世紀末，發源於歐洲的百貨公司在紐約、芝加哥等大城市蓬勃發展。一九二九年，百貨公司的銷售總額超過四十億美元，甚至占零售總額的百分之九。

受到汽車迅速普及的影響，各地的中小型都市或農村，出現了由同一經營者用同樣的規格設計，且附設廣大停車場的「連鎖商店」。這種「連鎖商店」的經營模式急速擴展，對**「美式生活模式」**的普及貢獻良多。

其中，沃爾沃斯透過「五分．十分商店」（以現在來說就是三十九元商店）的連鎖商店大獲成功。一九一〇年，沃爾沃斯已經擁有超過六百間的連鎖店。一九一三年，沃爾沃斯在紐約興建了高兩百四十一公尺，共六十層樓的總部大樓。

這棟大樓堪稱巨大的廣告看板，並享有十六年世界第一高的美譽。流通革命在美國大獲成功，世界各地競相仿效，使流通革命普及全球。

美國的合理主義，就是以大量進貨和統一廣告的方式來節省經費，再將便宜的商品提供給大眾，這種做法頗受偏鄉地區的歡迎。物流業者的口號，就是要讓住在都市或是農村的居民，都可以享有平等的購物保障。

一九二〇年代堪稱是**「連鎖商店的時代」**，同樣是個商品流通相當劇烈的時代。

解讀經濟

日本式的流通革命，居然可以透過超商和超市，在地理環境截然不同的中國和東南亞迅速普及，這點倒是引人探究。

超級市場的出現

連鎖商店的低價策略，與小型量販店和製造業者之間產生激烈的對立。由於連鎖商店的出現壓低了商品的價格，使小型量販店的經營無以為繼，加上經濟大恐慌的影響，各地反連鎖商店的聲浪愈演愈烈。

一九三三年前後，美國二十八個州的議會，共提出了多達六百八十九件反連鎖商店法案。內容大致主張，連鎖商店應該根據商店數和銷售額採取累進稅制（課稅的對象如果收入金額愈高，則應採取更高稅率的課稅方式）。

跨州經營、擁有多家商店的連鎖商店，因此面臨經營危機。連鎖商店只好採取單店擴大經營、限縮商店數的策略應對，更導入自助式系統以節約人事費用。

這就是**超級市場**的起源。這種節約人事費用的超級市場，目前已經遍及全球。

6 從經濟大恐慌中學到保護主義

投資的普及化與泡沫經濟危機的擴大

第一次世界大戰後，美國突然變成世界最大的債權國，由於施行大量生產，造成了物品的氾濫，經濟差距也更加擴大。不過，大眾的消費力卻沒有隨之增加，物品的滯銷導致庫存增加，供需之間的關係嚴重失調。物資過剩和金錢過剩，助長了經濟泡沫化的趨勢。過剩的金錢最終都會流向土地和投機的股市，這點不管任何國家都是一樣。當時，美國的股價因此不斷節節攀升。

投機往往會使人不計代價地追求收益，稍有不慎就會引發泡沫經濟危機。發生經濟大恐慌之前，美國已有三百家以上的資金公司活躍於市場上。一九二九年，美國在一年內就設立了兩百六十五家投資信託公司，逐漸出現投資過熱的趨勢。

所有的泡沫經濟危機，都是在過度的投資狂熱中突然發生的。

解讀經濟

當時的投資信託，都是進行資金槓桿的高風險投資。許多投資人還用保證金去借錢，用來買進投資風險很高的投資信託。

一個泡沫的破裂引發了經濟大恐慌

一九二九年十月二十四日星期四，美國（當時工業產值占全世界百分之四十二）華爾街的證券交易所，突然發生了**股價大暴跌（黑色星期四）**的事件。

由於無法支付追繳的保證金，大量的股票被賣出，加上股價下跌所引發的「恐慌性拋售」，十月二十九日星期二**（黑色星期二）**，再度引發了股價的大暴跌。

僅僅一周的時間，股票市場就蒸發了龐大的資金，相當於當時美國十年份的國家預算，而陷入了大混亂。

剛就任美國總統的大資產家胡佛，面臨這種緊急事態竟無法應對，放任了危機產生。經濟的惡性循環，使股價在一年內暴跌了一半，導致銀行相繼破產。資金周轉不靈的企業也相繼倒閉，滿街都是失業和無家可歸的人。

■西元一九二九年道瓊工業平均指數的日線圖

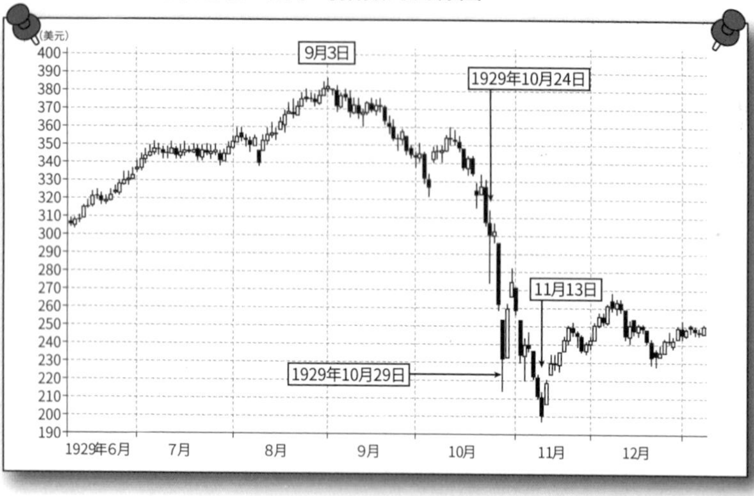

這就是**「經濟大恐慌」**。

一九二九至一九三三年的短短四年間，美國的工業產值減半。一九三三年，經濟大恐慌達到最高峰，失業人數攀升到一千三百萬人。

換言之，美國國民有四分之一的人都找不到工作。平均股價也暴跌至僅剩股價高點的七分之一。

其中，也有一些企業像大型汽車製造商通用汽車（GM）一樣精明，他們已經事先預測到經濟大恐慌的發生，當危機來臨時，他們就根據預先設定的計畫，馬上將生產規模縮小到四分之一以度過難關。不過，這些企業應變及時的行動，卻也使得全球的景氣更加惡化。

美國擁有壓倒性的優越地位，一舉一動都牽引著世界的經濟局勢。一旦美國突然摔了一跤，所帶來的衝擊也會嚴重地影響到全世界。

美國在第一次世界大戰躍升為世界大國，但當時卻沒有領導世界經濟的自覺和鬥志。除了對工業製品課徵世界最高的百分之三十五的關稅外，美國自身雖是貿易順差國家，卻讓美元貶值了百分之四十，這種行為在經濟大恐慌時期可謂雪上加霜。

在經濟大恐慌時期三度金融破產，使美國小規模又脆弱的銀行搖搖欲墜，擠兌的風潮更導致三分之一的銀行破產。

美國瀕臨危機的銀行，紛紛撤回投資於德國等海外的資金。因此，承攬了奧地利六成儲蓄業務的大銀行也宣告倒閉。源於美國的經濟恐慌，最終蔓延到歐洲全境（**經濟大恐慌**）。

解讀經濟

世界各國陷入經濟危機，相繼放棄了金本位制，而轉向管理通貨制，並為了增加出口而讓貨幣貶值（在固定匯率制下降低本國貨幣的價值），這也是為了競爭而不得不使用的手段。結果卻造成世界貿易停滯，更助長了經濟集團化（擁有殖民地的國家，將他國排擠於本國貿易圈之外）的趨勢。

在保護貿易政策下緊縮的世界經濟

經濟大恐慌造成全世界整體的工業產值下降了百分之四十四（以往最大規模的經濟恐慌也不過才下降百分之七），世界貿易也下降了百分之六十五（以往最多也只下降了百分之七），除了採取計畫經濟的蘇聯外，其他各國的經濟都嚴重衰退。

各國紛紛放棄金本位制並使本國的貨幣貶值，又透過提高關稅增加出口。換言之，各國都爭相實行**「保護主義」**。

一九三二年，英國召集自治領和殖民地的代表，在加拿大渥太華簽署了《渥太華協議》，大幅調降大英國協內部的關稅，**對於外來的商品則一律課徵百分之兩百的高關稅，藉以鞏固「集團經濟」（block economy）的體制。法國也跟著仿效**。

如先前所述，美國也採取美國優先（America First）的貿易保護政策。

各國爭相採取保護主義的行為，無疑是讓沒有資源也沒有殖民地的德國、義大利和日本面臨雪上加霜的經濟困境。

處於長期的令人絕望的不景氣中，人們開始期待政府能夠出手挽救低迷的經濟。

在當時，英國經濟學家**凱因斯**呼籲政府應該透過公共投資來創造需求，進而吸收過剩的物資和失業人口。

Turning Point

43

西元一九二九年

第二次世界大戰的導火線源於經濟大恐慌

美國政府對泡沫經濟危機處理不善，引發了全球性的經濟大恐慌，最終導致第二次世界大戰的發生。

■西元一九三〇年代世界的集團經濟圈分布圖

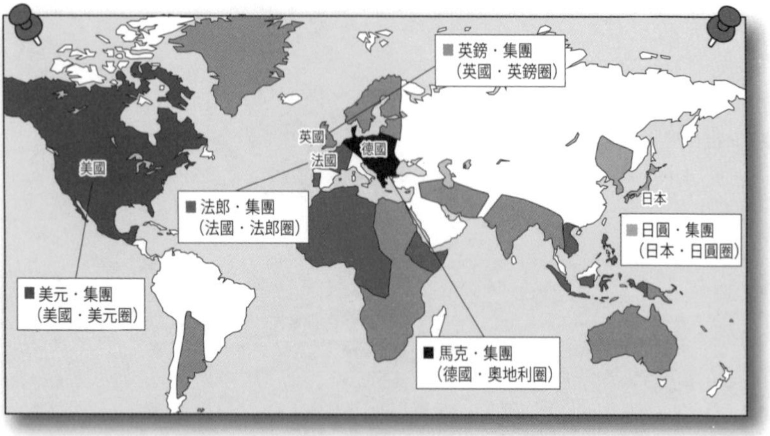

諸如德國政府著手興建德國高速公路，美國為了維持電力所綜合開發的田納西河谷管理局（TVA），又透過國家工業復興法（NIRA）提振生產力等，這些國家的經濟政策都對提升經濟起了效用。因此，**人民終於開始瞭解到，政府在經濟上扮演了重要角色。**

解讀經濟

美國的經濟之路雖然走得跌跌撞撞，但在羅斯福總統的「羅斯福新政」下，施行了下列多項經濟政策：根據《格拉斯·斯蒂格爾法案》，將商業銀行與投資銀行做切割；引進存款保險制度；農作物低於目標價格時，政府會給予補助；透過地區性綜合開發來擴大公共投資；導入老人年金與健康保險，並扶植了工會的設立。

凱因斯的新經濟理論

一九三六年，經濟學家**凱因斯**發表了《就業、利息和貨幣通論》一書，他指出影響市場經濟的不只是供給而已，需求也占很大的因素。

他呼籲**政府為了創造有效需求，應該積極參與經濟，才能從經濟大恐慌中脫身，他的經濟理論為既有的經濟學帶來了新的變革**。現在有許多國家的政府都根據他的理論來實行公共投資、減稅、利息調整等經濟政策。

納粹崛起的背景

德國原本就籠罩在經濟危機的陰影之中，美國銀行爆發經濟危機後，又將投資於德國的資金抽回，使德國在四年內倒閉了六成的工廠。一九三二年的失業率高達百分之四十，失業人口超過六百萬人，舉國陷入一片愁雲慘霧之中。

身在這樣的危機時期，德國的議會只上演無止境的論爭卻毫無作為。對議會空泛的論爭失望透頂的民眾和沒落的中產階級，只好將希望寄託於納粹。

希特勒所領導的納粹黨，以經濟學家沙赫特所提出的創造國民需求的政策為基礎，運用失業保險的儲備金來實施重整經濟計畫。這些儲備金被用來建設一條長達一萬四千公里的**「德國高速公路」**（一九三三年）。希特勒計畫透過大規模的公共投資創造就業機會，藉以降低失業人口。

一九三三年三月二十三日，納粹政權通過了《授權法》，使他們可以不必得到議會的同意，即使違背憲法也能任意制定法律。希特勒從此大權在握，開始著手進行德國高速公路的建設計畫。

希特勒建設高速公路的目的，是為了要發展汽車產業。一九三二年，德國人每一百人才擁有一部汽車，與美國五人就有一部汽車相比差距甚大，顯示出德國經濟成長的可能性。

希特勒大量生產「福斯汽車」（國民車），下令購車的款項可從薪資扣除來刺激買氣，最終使汽車大為普及。

解讀經濟

納粹移植了汽車文化，搭配德國高速公路的建設，發展了汽車產業，使陷入經濟危機的德國得以重整經濟，受到德國人民的擁戴。

西元一九三〇年代

Turning Point

44

將資源小國逼入絕境的集團經濟

經濟大恐慌使全世界的經濟陷入危機，各國因此競相貶值貨幣和實施集團經濟策略。缺乏資源的德國、義大利和日本陷入了經濟窘境，為了擺脫經濟危機，只得被迫發動戰爭。

7 經濟大恐慌所引發的第二次世界大戰

為了收復領土而爆發的第二次世界大戰

在全球的經濟陷入谷底的情況下，跟民粹主義相關連的領土問題，也因此引發了第二次世界大戰。

納粹重振了德國經濟，但不久就傾向民族主義和報復主義，逐漸走向軍事侵略的道路。

一九三三年，納粹以不給予德國平等的軍備權為由，宣布退出「國際聯盟」（此舉獲得百分之九十五國民的支持），並於一九三五年脫離凡爾賽體系（三一五頁），開始實行徵兵制。

德國馬上就建立了五十萬人的軍隊，也重新恢復了空軍的編制。德國絕大多數的人民，都認為凡爾賽體系是戰勝國壓榨戰敗國的手段，對德國強加了諸多苦難。

納粹與在第一次世界大戰失去波蘭領地的蘇聯，於一九三九年私下簽訂了《德蘇互不侵犯條約》，並約定共同分割波蘭。

條約簽訂完的次月，德軍先進攻波蘭，蘇聯稍後也加入戰局，一同占領並瓜分了波蘭。第一次世界大戰後才剛恢復獨立的波蘭，在短時間內又慘遭滅亡。

英法兩國為了壓制德國的抬頭，與繼續保持他們對東歐圈的影響力，於是在一九三九年向德國宣戰，開啟了第二次世界大戰。

一九四〇年五月，德國相繼入侵了中立國的荷蘭和比利時，之後又閃電進攻法國，在六月占領了巴黎。德國也開始對英國進行空襲。法國宣告投降。義大利判斷情勢對德國有利，於是也加入戰局。

一九三七年，日本以盧溝橋事變為開端，點燃了中日戰爭（三四五頁）的戰火，但是戰情隨後卻陷入膠著。日本於是選擇加入想要在歐洲建立新秩序的德義兩國，並於九月組成了「德義日三國軍事同盟」。

一九四一年六月，德國為了確保蘇聯巴庫油田的供給，決定進攻蘇聯。德國估計三個月內可以擊敗蘇聯，於是毅然決然發起德蘇戰爭。

德國率領三百萬大軍（占德軍的百分之七十五）、戰機兩千七百四十架（占空軍的百分之六十一），以及戰車三千五百八十台向蘇聯大舉進攻。《德蘇互不侵犯條約》受到德國單方面的毀約，使蘇聯遭受沉重的打擊。

與此同時，美國和英國共同發表了《大西洋憲章》。

這場戰爭標榜為法西斯主義與民主主義之戰，美英決議從波斯灣經由伊朗、阿富汗為蘇聯提供軍需物資。

解讀經濟

德蘇戰爭的爆發，使英美決議援助蘇聯。第二次世界大戰被重新定位為民主主義與法西斯主義的對決。

中國的民族運動原來是代理人戰爭？

中國在歷經鴉片戰爭（二六四頁）後，陷入了經濟崩潰與軍閥割據的亂局。領導近代民族運動的國民黨勢力，與既有的封建勢力相比可謂不堪一擊。因此，國民黨的領導人孫文為了繼續推動民族運動，選擇接受了蘇聯和第三國際（共產主義的國際性組織）的協助。

在第三國際的主導下，國民黨與中國共產黨合作（國共合作）組織了國民革命軍，共同進行「北伐」（一九二六至一九二八年），計畫打倒各派軍閥勢力以實現統一。也就是透過與軍閥之間的「戰爭」來推動民族運動。

另一方面，美國和英國為了達到掌控中國經濟的目的，援助與中國資金最雄厚的**浙江財團**合作的「代理人」蔣介石。

一九二七年，以廣東為據點的國民黨軍的北伐事業正順利進行，蔣介石卻在上海發動了四一二事件，使國民黨與共產黨決裂。國民黨與共產黨之間的戰爭，宛如美．英陣線與蘇聯．第三國際陣線的代理人戰爭。

與此同時，遭受經濟大恐慌巨大打擊的日本，在中國發動了「九一八事變」，並建立了「偽滿洲國」（實際上是殖民地）。日本將新的未爆彈植入了東亞的紛爭區域。

在國共內戰中受到國民黨壓制的共產黨，開始呼籲國民黨共同組成「**抗日民族統一戰線**」。當時，蔣介石為了督促部屬加速剿共而親赴西安，卻遭到部屬張學良等人武力監禁（西安事變，一九三六年）。共產黨於是利用此事促成了國共合作。

換言之，當時的國民黨和共產黨將彼此的戰事暫且擱置，傾向於共同對抗日本。隨著國共的再度合作，意味著英美與蘇聯．第三國際可能攜手合作，日本開始擔憂自己在國際上會陷入孤立無援，只得發動盧溝橋事變（一九三七年），揭開了「中日戰爭」的序幕。

解讀經濟

抗日民族統一陣線的組成，改變了整個中國的內外政治局勢，也促成了共產黨政權的建立。這也是現在的中國，稱「抗日」為建國起點的理由。

幣制改革引發了中日戰爭

中國受到經濟大恐慌和滿洲事變的影響，不景氣的狀況雪上加霜。一九三四年，美國政府實施**《購銀法案》**（美國決議在國內外大量收購白銀，一直到白銀占貨幣儲備一定的比例為止。世界的銀價因此高漲），導致中國外流的白銀暴增，超過上一年的十七倍，財政情勢也更加嚴峻。

光從中國流出的白銀，就占了美國從世界各地籌措白銀的八成。中國由於白銀不足，引發了嚴重的通貨緊縮（經濟急速惡化）。

因此，由蔣介石領導的**國民黨政府**，**找來英國政府的經濟顧問李滋羅斯實行幣制改革（紙幣制度）**，**將銀本位制改為管理通貨制（由政府統一管理貨幣發行的制度）**，並規定中國貨幣對英鎊的比價為一元兌英鎊一先令二便士。

各家銀行用白銀做擔保，將舊的銀行券回收，再由中央銀行、中國銀行、交通銀行三大銀行，統一發行法定貨幣（簡稱「法幣」）。

日本非常害怕中國加入英美的經濟貿易圈，因此不得不對國民政府採取強硬的姿態。**中日戰爭**（一九三七至一九四五年）原本是日本軍與國民黨軍（由蔣介石領導）之間的戰爭，但後來國民黨和共產黨卻組織抗日統一戰線聯手抗日。不過，戰事仍由國民黨一手包辦，共產黨則趁機利用中日戰爭在農村擴張勢力。

戰爭隨後陷入僵局，日軍面臨進退維谷的困境，國民黨也為籌措龐大的軍事費所苦。長期的混亂使國民黨的稅收不足，只得不斷印製「法幣」來籌措戰爭費用，最終卻引發了惡性通貨膨脹，使民眾的生活陷入了水深火熱之中。

中日戰爭爆發的八年間（一九三七至一九四五年為止），「法幣」的發行量暴增了約三十八倍，印刷的速度簡直趕不上需求的速度。人民的生活無以為繼，逐漸對國民黨感到心灰意冷。

加上在國共內戰的末期（一九四八年），通膨的情況更加嚴重。國民黨所發行的「法幣」，僅僅十個月就貶值到僅剩兩萬分之一的價值，引發了非常嚴重的惡性通貨膨脹。**歷經兩次嚴重的通貨膨脹，國民黨的政權可以說是大勢已去，完全敗給了共產黨。**

解讀經濟

蔣介石領導的國民政府實行幣制改革，使中國脫離銀本位制，加入了以黃金做擔保的英鎊體制。

精心策劃的太平洋戰爭

隨著中日戰爭陷入僵局，使經濟基礎薄弱的日本陷入困境。

在這段期間，美國又實施禁止石油、廢鐵輸出到日本的措施，使日本被迫發動太平洋戰爭來獲取資源。

石油遭到美國中斷供給的日本，形成了東南亞·南太平洋區域的勢力圈（大東亞共榮圈），為了維持中日戰爭，日本必須從荷蘭的殖民地蘇門答臘島取得石油。

一九四一年四月，日本簽訂了《日蘇中立條約》。

日本決意對美國發動短期決戰。

同年十二月八日，日軍對位於太平洋的美國海軍基地珍珠港發動奇襲，正式揭開了**「太平洋戰爭」**的序幕。

日本對美國、英國宣戰後，基於德義日三國軍事同盟的規定，德國和義大利也旋即向美國宣戰。歐洲和亞洲的戰線自此連成一線，使第二次世界大戰成為全球性的大戰爭。

在第二次世界大戰，美國所耗費的軍事費多達第一次世界大戰的十倍，迫使受到經濟大恐慌（三三二頁）影響的低迷景氣能夠快速回升。美國有五成五的軍事費，是由民間購入的國債來支付。

由於美國本土沒有淪為戰場，得以專注於大量生產武器和彈藥，在握有日本的制空權後，透過大規模的空襲給予日本破壞性的打擊。

解讀經濟

美國考慮到戰後的東亞情勢，決定徹底破壞日本的都市，並占領沖繩作為進出中國市場的據點。更在日本的廣島和長崎投擲剛研發成功的原子彈。

美元成為全球通用貨幣

一九四四年，戰局的優勢已經偏向同盟國。同盟國的四十五個國家代表，在美國新罕布夏州的渡假勝地布列敦森林，召開了貨幣金融會議，**確立了每盎司黃金可以兌換三十五美元的黃金美元本位制（布列敦森林體系）**。美元成為唯一可以與黃金兌換的貨幣。

各國同意採用**固定匯率制**（以美元為基準來表示各國貨幣價值）。日幣定為一美元可兌換三百六十日圓。

各國的貨幣必須要先兌換成美元（唯一能夠兌換成黃金的貨幣），才能夠進一步兌換成黃金。包含英鎊在內的各國貨幣，都淪為美元的「分身」。曾經是第一金融大國的英國，也在貨幣戰爭中敗給美國。

美國想要將十九世紀以英國為中心的殖民地體制，改變為對本國經濟有利的全球一體化體系。因為既有的殖民地體制，已經阻礙了經濟貿易的發展。

美國最後透過兩個手段實現了霸權：透過聯合國安全理事會的五大常任理事國來掌控政治；透過美元掌控全球的經濟體系。

二戰中處於絕對優勢的美國，在經濟上轉向支持自由貿易，並根據自由、多角化、平等原則，率先建立以擴大國際貿易為目標的**《關稅暨貿易總協定》**（GATT）。

美國更以「貨幣守護者」的身分推動固定匯率制，並為了穩定匯率制度，建立了**「國際貨幣基金組織」**（IMF，美國出資百分之十七）和**「國際復興開發銀行」**（IBRD，通稱世界銀行，美國出資百分之十六），兩者成為美國掌控戰後國際經濟的兩大得力助手。

Turning Point

45

西元一九四四年

由美元霸權建立的布列敦森林體系

一九四四年，在美國的經濟霸權下，建立了以美元作為全球通用貨幣的「布列敦森林體系」，用以穩定貨幣與擴大自由貿易。在這個體制下，日本和德國得以達到高度的經濟成長。

IMF的設立是以安定貨幣為目的，後來又在加盟國的共同出資下設置了SDR（特別提款權），對國際收支極度惡化的國家提供緊急融資。

國際復興開發銀行則提供長期融資，利息比民營銀行更低。

一九九五年，GATT發展成為**WTO（世界貿易組織）**。不過，由於要讓一百五十九個加盟國都達成統一的協議非常耗時，因此普遍都會視情況個別制定FTA《自由貿易協定》和EPA《經濟夥伴協定》。

解讀經濟

日本戰後的復興與推動經濟高度成長的資金，都是從「世界銀行」以美元籌措得來。東海道新幹線、黑四水壩，還有於奧林匹克運動會時期建設的首都高速道路，也都是向世界銀行以美元融資借來的。一九九〇年為止，這些借款已全數清償完畢。

第10章

美元失勢，亞洲經濟崛起

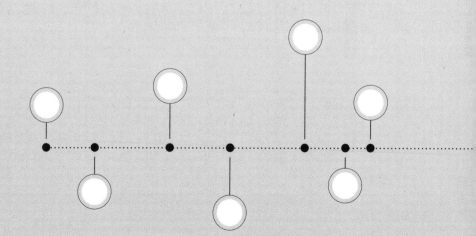

1 尼克森震撼與石油危機

歐洲美元使英國的金融復甦

固定匯率制是由當時唯一可以與黃金兌換貨幣的美元所形成，僅僅持續了二十五年就宣告終止。

這是因為美國喪失了絕對的經濟優勢。

一九七一年，美元與黃金脫鉤以後，世界經濟受到美國經濟衰退的影響，逐漸變得不穩定。

美國為了維持一九五〇年代的韓戰、一九六〇年代的越戰等，全球諸多軍事基地的運作，使財政赤字更加擴大。一九六七年，美國的債務擴大至黃金儲備的一．五倍，想靠發行國債來調度資金變得更加困難。

又隨著美國經濟的全球化，愈來愈多跨國企業將工廠轉移到海外，這些企業為了躲避課稅，他們所有的獲利都沒有回流國內，而是投入倫敦的市場。

這些資金就是**歐洲美元**（Eurodollar，指的是存在美國境外的外國銀行中的美元）。

十九世紀以來，倫敦一直主導國際金融，並沒有因為戰爭而一蹶不振，只是有點元氣大傷而已。

倫敦作為「歐洲美元的市場」，頑強地奪回金融主導的地位，以國際金融中心之姿，逐漸凌駕於紐約之上。

解讀經濟

一九七〇年代以後的世界經濟，逐漸演變成「美元結算」在紐約的華爾街，「美元借貸」則以在倫敦的金融城（西堤區）為主進行，形成了兩個金融中心。

終止美元與黃金的兌換

令美國財政惡化的最大原因，在於越戰耗費了龐大的軍事費用。

一九七一年以後，美國的財政日趨惡化，加上美元紙幣在全球氾濫，使黃金的兌換增加，美國的黃金儲備也跟著減少，更導致黃金價格上漲。

一九七一年八月，美國總統尼克森召開了緊急電視記者會，宣布「停止美元與黃金的兌換」、「進口物品一律課徵百分之十的稅率」。

美國為了恢復出口的競爭力，透過對進口品課徵一成的關稅，造成美元的貶值，藉以保護自己國家的產業。這就是所謂的**「尼克森震撼」**。

解讀經濟

第二次世界大戰後，由美國帶頭推動的單一全球經濟體制（布列敦森林體系），在尼克森總統召開電視記者會，宣告黃金儲備不足後，即刻瓦解。第二次世界大戰後，美國以壓倒性的優勢地位為前提，所建立的固定匯率制和黃金美元本位制，不久就以失敗告終。

石油危機使美元谷底翻身

一九六〇年，為了對抗七姊妹（The Seven Sisters，或稱國際大石油公司，指壟斷石油市場的七間大規模石油公司）壓低中東原油的價格，沙烏地阿拉伯、伊朗、伊拉克、科威特和

Turning Point

46

西元一九七一年

尼克森震撼使布列敦森林體系走向終結

一九七一年，美元與黃金脫鉤（尼克森震撼）的結果，使二戰後成立的黃金美元本位制，在二十五年內就宣告瓦解。之後，美元成為法定貨幣後的發行量暴增，使世界經濟邁入了「金融時代」。

委內瑞拉五個產油國，共同組織了石油輸出國組織（OPEC）。

一九七三年爆發了**「第四次中東戰爭」**。石油輸出國組織也藉這個機會發動了**石油戰略**。原本一桶原油（大約一百六十公升）的價格大約是二到三美元，石油輸出國組織在沒有與七姊妹事先協議下，就逕自將價格提高到四倍。這就是**「第一次石油危機」**。

之後，石油輸出國組織朝著油田、輸油管、煉油設施的國有化邁進。原油價格的決定權，從此由七姊妹轉移到石油輸出國組織。

一九七九年，隨著伊朗伊斯蘭革命的爆發，中東第二產油國伊朗削減了石油的產量，使原油價格由一桶三十美元飆升到四十美元，十年內暴漲了十倍**（第二次石油危機）**。

石油價格的高漲，對於先進工業國家有如晴天霹靂。尼克森震撼造成的美元價格低迷，已經引發了通貨膨脹，再加上石油價格高漲所引發的不景氣（通貨緊縮），經濟情勢可謂雪上加霜。

先進各國的企業，面臨了人類史上前所未有的停滯性通貨膨脹危機。

停滯性通貨膨脹是指經濟活動的停滯、衰退（不景氣）和物價持續上升（通膨）同時發生的狀態，也就是薪資凍漲，物價卻不停上漲的狀況。不過，美國的通膨卻因此得到控制。

■國際原油價格的走勢（西元一九七〇至二〇〇六年）

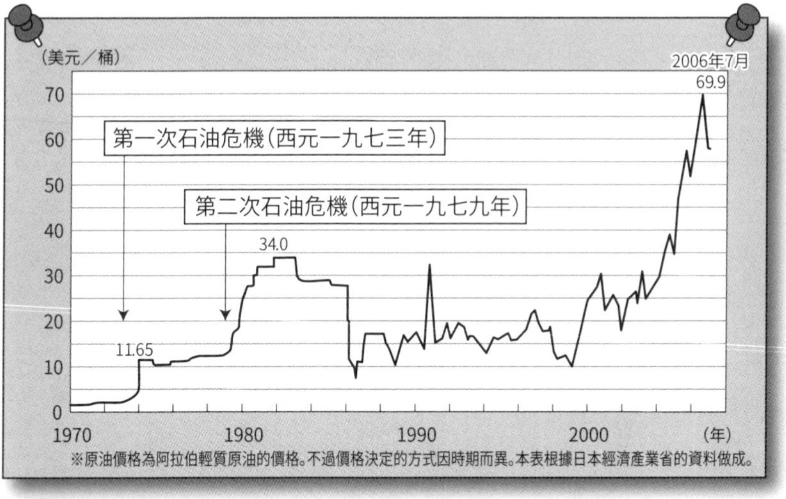

※原油價格為阿拉伯輕質原油的價格。不過價格決定的方式因時期而異。本表根據日本經濟產業省的資料做成。

■西元二〇〇〇年以後的原油價格走勢（西元二〇〇〇至二〇一七年）

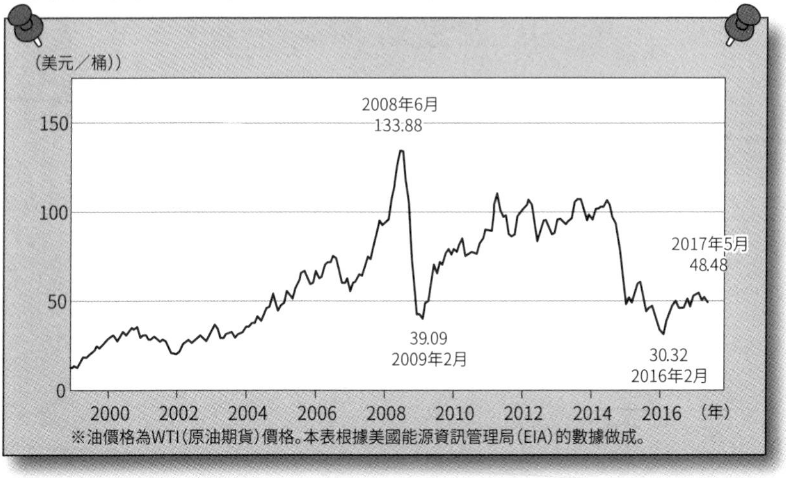

※油價格為WTI（原油期貨）價格。本表根據美國能源資訊管理局（EIA）的數據做成。

解讀經濟

停滯性通貨膨脹導致各國企業之間的價格競爭激烈，企業紛紛將工廠轉移至勞工薪資低廉的開發中國家，轉變成跨國企業（多國企業）。

全球化經濟與亞洲的崛起

在大規模的不景氣下，大企業紛紛將工廠分散至世界各地，搖身一變成為跨國企業，一舉擴大了全球的國際分工。

跨國企業成為世界經濟的要角，全球化經濟也由此而生。先進國家晉升為後工業化國家，而新興國家則發展成工業化國家，全球逐漸走向國際分工。

一九六七至一九八七年間，跨國企業的海外投資餘額成長為九倍之多，領先發展跨國企業的美國，更將國內產值的五分之一轉移到海外。

在美國，跨國企業把本國和他國視同為自己的領土，因而衍生出新名詞**「企業王國」（Corporate Land）**。

跨國企業將工廠轉移到可以獲得廉價勞力的國家，再把收益轉移到設置在**避稅港**（tax

Turning Point

47

跨國企業逐步轉移到海外

西元一九七〇年代～

一九七〇年代的「石油危機」引發油價暴漲，使全球籠罩在通貨膨脹和不景氣之中，跨國企業因此逐漸將工廠轉移到開發中國家。在跨國企業增加的同時，也帶動了新興工業國家（NIES）的成長。

haven，指的是稅率很低，甚至是完全免稅的國家或地區）的子公司，藉以規避本國的課稅，逐漸脫離了本國的掌控。

跨國企業的增加，使政府的稅收（公司稅）減少，國內的勞工失去工作機會，擁有穩定工作的中產階級也逐漸減少。美國雖然是個人消費占GDP七成的消費大國，國內市場卻已經開始有逐漸萎縮的趨勢。

另一方面，吸收大量資金和技術的開發中國家則大舉雙臂表示「歡迎全球化經濟」。新加坡、香港、台灣和韓國等國逐步邁向工業化，被稱為**新興工業國家（NIEs）**。中國、泰國、馬來西亞、印尼和越南等國也都相繼發展成為新興工業國家。

然而，工業化的發展也帶來物價上漲和經濟共同體瓦解等問題。開發中國家之間的落差逐漸擴大，搭上全球化浪潮的國家與跟不上時代潮流的國家之間，出現了大幅的落差。這就是**「南南問題」**（South South problem，開發中國家之間的經濟落差）。

解讀經濟

跨國企業將工廠轉移至勞工低廉的開發中國家，大舉降低了生產成本，卻也使各個先進國家的經濟逐漸走向空洞化。加上避稅港的盛行，使政府的稅收銳減，也對先進國家的財政造成打擊。

停滯性通貨膨脹（三五六頁）持續惡化的同時，美國、歐洲和日本的企業逐步將工廠轉移到勞工低廉，也曾是舊殖民地的新興國家，意圖透過跨國經營來提高競爭力（跨國企業的增加）。

同時，第三次工業革命（ＩＴ革命）造就了網際網路的普及，透過類比轉換成數位的方式，強化了全球化的趨勢。

全球化的趨勢造就了超越國界的橫向分工型態。世界銀行和跨國企業因此成為主導全球經濟的要角。隨著全球的網際網路化，資本主義經濟的形式也產生了巨大的改變。

美國身為領頭羊，率先面臨了中產階級沒落，貧富差距日趨擴大的問題。愈來愈多的跨國企業，都把資金轉往由英國所推行的避稅港，使國家的稅收大為銳減。二〇一六年的巴拿馬文件中，也有揭露出部分的實際情形。

第二次世界大戰後，美國原本期望創造出由美國領導的全球一體化體系（one world），然而世界經濟卻朝著全球化經濟的方向前進。

隨著亞洲新興國家的工業化，世界也邁向亞洲經濟崛起的時代，使歐美等先進工業國家的地位開始動搖。**綜觀世界的經濟史，可以得知一個不變的鐵則，那就是資金往往會流向成長中的區域**。

一九七〇年代以後，美國雖然透過電腦和網路搭上了資訊革命的浪潮，利用了龐大的電腦空間，掌握了壓倒性的經濟實力和軍事實力，卻還不足以建立起全新的世界秩序。

相反地，隨著全球和美國國內的經濟落差不斷擴大，反而使美國陷入了運轉不靈的窘境，正走向衰退一途。

另一方面，多數跨國企業逐步將出口導向的工廠轉移到韓國、台灣、香港和新加坡等亞洲新興工業國家，而馬來西亞、印尼、中國、越南和印度等國的經濟也都相繼成長起飛。

亞洲各國透過吸收外資和技術轉移，並配合資訊革命後產生的新技術體系，達成經濟的高速成長。

最近開始出現了**「Pax Asia」（亞洲時代）**這個名詞。在這三十餘年間，世界經濟的發展重心逐漸轉移到亞洲。亞洲是往後經濟發展的矚目焦點。

解讀經濟

第二次世界大戰後，由美國華爾街所主導的「全球一體化」體系，與近年來經由新興國家的急速工業化所帶來的「全球化經濟」相比，是截然不同的兩種概念。跨國企業的增加與新興國家經濟的急速成長，使世界的秩序產生了巨大的變化。

2 美國透過操控利率來應對經濟危機

浮動匯率制使全球經濟變成一場博弈

一九七三年，世界各國相繼放棄了固定匯率制後，逐漸轉向採用**「浮動匯率制」**。

一九七〇年代以後，美國透過ＦＲＢ（聯邦儲備委員會）的利率操作，總算管控了國內的經濟。由於美元依然主導著全球的經濟，隨著利率上下震盪引發的「美元升值」和「美元貶值」，持續動搖著世界的經濟。

各國的貨幣價值，也隨著「美元升值」和「美元貶值」產生瞬息萬變的變化。

全球經濟的前景變得不明確，投機者往往透過貨幣的波動來大發橫財。**隨著浮動匯率制的轉移，全球開始進入全球化與金融、投機的時代**。

隨著時代的潮流，出現了透過金融交易，即可獲得龐大利益的**「避險基金」**（Hedge Fund，又稱對沖基金）。

與公開募集資金的投資信託不同，由機構投資者或富裕階層私底下集結的資金所進行的**衍生性金融商品**（金融衍生產品）、**期貨交易**（以現在這個時間點來約定將來買賣的交易）、**期權交易**（選擇是否以預先決定的價錢買賣金融商品的交易）、**掉期交易**（等值商品互換的交易）或**放空**（預存一筆保證金，從證券公司借到實物股票，再把它賣出）等各式各樣的交易手法，都是期望能夠保全本金，又謀求加大收益的投機資金。「避險基金」的名稱，就是由「迴避風險」而來。

解讀經濟

隨著浮動匯率制的轉變，世界的經濟變得極為不穩定，但也出現了大規模利用浮動匯率制所進行的貨幣、股票、公債、商品價格變動等金融交易手法，使全球的經濟變成一場博弈。這個時代變成不用生產，僅透過複雜的投資手法，就能夠使貨幣增值的金融時代。

3 日本的泡沫經濟危機源於日圓升值蕭條

廣場協議動搖了日本經濟

透過浮動匯率制，使世界經濟產生了巨大轉變的起始點是**「廣場協議」**。一九八五年，在鄰近紐約中央公園的廣場飯店祕密舉行了G5會議（美、英、法、西德和日本五個已開發國家的財政部長、央行行長的會議）。

石油危機後的停滯性通貨膨脹（「通貨膨脹」與「不景氣造成失業人口增加」兩種問題並存的狀態）、大幅減稅和軍事費用的累積，使美國的貿易赤字和政府財政赤字擴大（雙赤字），淪為世界最大的債務國。因此，美國要求各國**共同引發「美元貶值」**。

該次會議的目標，鎖定在二戰後經濟顯著成長的日本和西德。日本經濟利用東西冷戰的局勢，在一九五六至一九七二年的十七年間，每年都以百分之十的驚人幅度持續成長。

美國為了經濟復甦向各國尋求協助，日本也接受了美國的請求，**各國決議協助引發美元**

Turning Point

48

西元一九八五年

廣場協議引發了日本的泡沫經濟危機，使日本陷入「失落的二十年」

「廣場協議」使日圓和馬克升值，美元則急速貶值。美國經濟透過「美元貶值」而復甦，日本卻引發了房地產和股票的泡沫化。泡沫經濟危機使日本陷入「失落的十年」（The lost decade）。在長期的不景氣中，日本的赤字國債不斷擴大，此後的經濟也一直持續低迷。

貶值百分之十到十二。這就是**「廣場協議」**。

機構投資者害怕美元持續貶值會擴大損失，透過期貨交易大賣美元，導致美元暴跌。不到兩年，日圓高漲為一美元兌一百二十日圓，足足翻漲了二・五倍。一九八七年，為了遏止失控的「美元貶值」，各國又在鄰近羅浮宮的法國經濟財政部舉行G7會議。

各國協議將「美元貶值」抑制在一美元兌一百五十日圓左右的關卡，並且同意日本、德國實施刺激內需計畫。這就是**「羅浮宮協議」**。

美國透過美元貶值來增加出口，到了一九九〇年代後半，美國的經濟神奇地復甦。反之，日本的經濟卻因日圓升值蕭條，而一敗塗地。

黑色星期一的衝擊

一九八七年十月十九日，美國的平均股價一口氣暴跌了百分之二十二・六，跌幅規模超過了經濟大恐慌時期的「黑色星期四」。

該次事件被稱做**「黑色星期一」**。

美國的家庭有半數以上都持有股票，因此，「黑色星期一」事件使美國的經濟受到了巨大的衝擊。所幸透過FRB的通膨政策，沒有釀成更大的傷害。

日本為了顧及美國發生了意外的股災，白白放棄了「日圓貶值」的好時機。這一個陰錯陽差，導致之後日本以及亞洲的經濟產生激烈的經濟變動。

急速的「日圓升值」使日本的出口驟減，日本和美國的企業紛紛將工廠轉移至韓國、台灣、香港和新加坡等國家。除了投入資本外，還連帶附上技術轉移，加上IT技術改變了產業結構等因素，使亞洲（日本除外）的經濟大幅成長。

解讀經濟

日本經濟持續低迷的同時，新加坡、台灣和韓國等國，創造了「經濟成長」的奇蹟。日本面對瞬息萬變的世界經濟情勢，其應對不只太臨時抱佛腳，也過於遲鈍。

為什麼日本的泡沫經濟危機會擴大？

面對急遽的「日圓升值」所造成的不景氣，日本銀行理所當然地採取了貨幣寬鬆的政策來應對。

之後，金融市場的過剩資金開始流向不動產市場和股票市場，引發了**房地產泡沫化**

（一九八五至一九九一年為止增加四倍）和**股市泡沫化**（一九八五至一九八九年為止增加三倍）。

日本的地價總額甚至高達美國地價的三倍，日本人民卻不覺得這件事有何不妥。

泡沫化就像熱病，是很輕易就會發生的鬧劇。

日本人普遍懷有「地價不能下跌」的單純信仰，這種觀念支撐了土地持續的泡沫化。

一九八九年十二月，日經平均股價飆升至史上最高的三萬八千九百一十五日圓（收盤價）。在泡沫破滅的一九九二年三月，平均股價跌破兩萬日圓。

一九九〇年，由於日本財政部實施了抑制土地泡沫化的政策，使泡沫驟然破滅。山一證券、日本長期信用銀行和北海道拓殖銀行因此相繼倒閉。

以土地做擔保進行高額融資的金融機構，也由於呆帳而周轉不靈，股價因此大暴跌。

此外，加上日圓升值所造成的出口困難，ＩＴ技術的導入慢半拍，以及日本仍存在終身雇用、企業集團和交叉持股制度等獨有的舊習，導致經濟結構也產生問題，日本的經濟可謂陷入了「山窮水盡」的窘境。

解讀經濟

日本人深信「土地的價格會不斷上漲」的神話，加上消極的思考模式，最終引發了泡沫危機。

被世界遺棄的日本陷入了「失落的二十年」

泡沫破滅後，日本銀行推動貨幣緊縮政策來重振經濟，政府也不斷進行刺激經濟的投資，仍持續增加赤字國債。

不過，日本銀行的貨幣緊縮政策，以及政府想要藉由財政支出來刺激經濟的政策，都得到了反效果，日本經濟於是長期停滯不前。在全球化的發展下，世界經濟進入了煥然一新的時期，日本卻陷入「失落的二十年」，被排除於新一波的經濟成長之外。

一九九六年以後，橋本龍太郎內閣決意效法英國柴契爾政權的金融大爆炸（Big Bang），以自由（貫徹市場原理）、公平（建立透明可信賴的金融市場）、全球化（領先於全球時代）為口號，意圖透過「日本版的金融大爆炸」，使東京成為與紐約、倫敦並列的國際金融市場。

解讀經濟

「日圓」雖然成為全球金融市場所通用的 Yen，但由於東亞複雜的政治情勢，以及日本缺乏亞洲整體性的戰略考量，導致日本無法蛻變成為全球化的金融國家。日本若想與英美並駕齊驅，首要之務就是取得獨立的金融實力和財務實力。

4 美國將工廠轉移到亞洲與亞洲金融風暴

美國將製造部門轉移至中國

一九八五年的廣場協議後（三六八頁），美國透過大幅度的「美元貶值」起死回生。一九九〇年代後期，**美國在柯林頓政權的領導下，逐漸走向金融帝國的道路，國家的政策也由「美元貶值」轉變成「美元升值」**。

華爾街開始逐漸意識到，浮動匯率制與ＩＴ技術的互相配合，居然可以在金融市場大賺一筆，因此在一九九〇年代，金融市場開始急速擴張。

美國為了聚集全世界的資金，大膽地轉變成高利率政策。

根據新經濟理論的觀點，ＩＴ革命與那斯達克（電子化的證券交易市場）革命的結合，將可在不產生通膨的情況下維持經濟的成長。美國人開始相信，透過金融主導可令美國的經濟獲得重生。

原本捍衛勞工權益的民主黨，也在柯林頓總統的執政下，選擇與華爾街共同邁向賭場資本主義（casino capitalism，使貨幣增值）的道路。美國的經濟從此由踏實的製造，轉變成用金融投機的方式去賺取橫財。

美國從裡到外都走上金融帝國化和經濟空洞化的道路，並大規模將汽車、鋼鐵等工廠轉移到勞力廉價的亞洲。

二十一世紀以後，甚至連ＩＴ產業也都集中在中國。這種傾向早在一九八〇年代開始就已經加速進行了。

直到二〇〇〇年，光是美國的金融部門，就占了企業收益的百分之四十五，相較之下，製造部門卻僅占百分之五而已。

為什麼會發生亞洲金融風暴？

一九九〇年代後期，ＦＲＢ開始刻意採取「美元貶值」政策。一九九五年，一美元原本可兌換約七十九日圓，在三年後的一九九八年，居然高漲達一美元可兌換一百四十七日圓。

美元在三年內上漲超過一．八倍的「美元升值」現象，是由美國的財政部長魯賓（以華爾街的利益為優先）一手操作的。完全是美國優先的做法。

不過，「美元升值」卻為泰國、印尼、韓國等亞洲新興國家帶來意想不到的災難。這就是**「亞洲金融風暴」**的起因。

一九八〇年代以後，全球都籠罩在停滯性通貨膨脹的陰影之下，亞洲各國卻締造了「亞洲經濟奇蹟」，其經濟成長突飛猛進。在世界經濟轉變成浮動匯率制後，亞洲各國仍舊與美元維持了固定匯率制（**釘住美元制**。dollar peg 的 peg 就是釘住的意思）。

亞洲各國為了招攬海外資金，以及防止通貨膨脹，最有利的辦法就是讓本國貨幣與美元連動。

在「美元貶值」期間，釘住美元制運作得非常順利，不料美國卻驟然改為採取「美元升值」政策。受到「美元升值」的影響，亞洲各國的貨幣也連帶暴漲，頓時陷入了出口不振的局面。

在這種情況下，美國的金融業者得到了賺大錢的絕好機會。

一九九七年，避險基金（三六四頁）大舉放空泰國的泰銖、韓國的韓元等亞洲貨幣（隨著美元升值到超過本國經濟實況的價值）。

透過放空的操作，等到貨幣變便宜再買回的話，就可以獲取龐大的利益。

隨著美元升值所帶動的「泰銖升值」和「韓元升值」，其升值的程度都超過了該國的經濟實況。換言之，避險基金的投資判斷十分合理。

泰國最後在抵擋不住放空的攻勢下，轉為浮動匯率制，使泰銖大幅貶值。極端來講，FRB像給避險基金開闢了一條新的財路。韓國、印尼也和泰國一樣，經歷了相同的遭遇。

IMF釋出了約三百六十億美元的資金，援助泰國、印尼和韓國等經濟破產的國家，並要求這些國家在嚴格的條件下進行經濟改革。

解讀經濟

一九七三年，美國因為轉向了浮動匯率制，並放棄了維護世界經濟秩序的責任，在金融方面完全以本國的利益為優先。美元的急漲是引發亞洲金融風暴的罪魁禍首，亞洲各國「經濟成長的果實」，被美國的投機業者收割殆盡。

Turning Point

49

西元一九九七年

美元升值政策引發了亞洲金融風暴

一九九七年，爆發了亞洲金融風暴，採取釘住美元制的韓國和泰國等國，陷入了嚴重的不景氣。

5 美國的經濟猶如走鋼絲

操控泡沫經濟的金融操作

一九九八年，俄羅斯國債突然爆發無法償還債務（債務不履行）的危機。面對突如其來的事件，美國數一數二的避險基金公司蒙受了巨大損失而宣告破產。

ＦＲＢ針對這個危機反應迅速，為了防止美國的景氣衰退，採取了「調降利率」的措施，將大量的美元釋出到市場，毅然轉向施行「美元貶值」。

在「美元貶值」的過程中，美國的金融市場出現了許多過剩的美元。由於大家對ＩＴ產業的成長非常看好，於是紛紛集中投資在ＩＴ產業。一九九〇年代末期到二〇〇〇年期間，過剩的資金使那斯達克（電子化的證券交易市場，上市的公司多為風險企業和尖端科技產業）和ＩＴ產業的股價被過度追捧**（網際網路泡沫事件）**。

■美國操控銀行利率的走勢圖

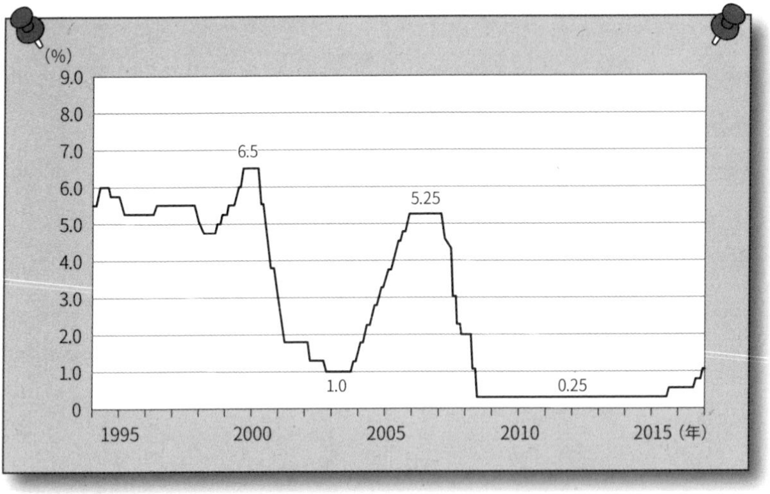

ＦＲＢ在預期會產生新的泡沫化後，提前做出了對策，也就是一舉提高利率。

二〇〇一年，那斯達克綜合指數（ＩＴ產業占大多數）一口氣暴跌了四分之三，使許多將資金投注在ＩＴ產業股的中產階級（middle class）遭受嚴重打擊。

此外，利率的調升使通貨膨脹率由百分之四急降至百分之一，出現了不景氣的警訊。

於是ＦＲＢ為了防止景氣低迷，一口氣將銀行利率由百分之六．五調降至百分之一，轉向了通膨政策。

通膨政策奏效後，ＦＲＢ擔心該次的剩餘資金會引發房市泡沫，於是在二〇〇四至二〇〇六年，又將銀行利率調高到百分之五．二五。ＦＲＢ藉由操作利率來達到控制經濟的目的，玩弄全世界。

ＦＲＢ主席葛林斯潘如同行走於鋼絲一般，透過「利率的調升調降」操控美國的景氣，簡直就像大指揮家一樣。

不過，透過「利率的調升調降」來操控泡沫化，藉以活絡美國經濟的手法並非十分妥當，一不留神就會演變成像後述的雷曼兄弟事件（三九四頁）一樣的大災難。

解讀經濟

ＦＲＢ想要藉由通膨政策（操作泡沫化）來操控景氣，卻引發過剩的資金投注於次級房貸，過熱的投資導致泡沫的破滅，引發了全球性的金融恐慌（雷曼兄弟事件）。

6 俄羅斯社會貧富差距擴大與中國經濟的爆發式成長

俄羅斯社會貧富差距擴大的原因

一九八九年十一月，象徵冷戰的「柏林圍牆」倒塌。同年，美蘇也在馬爾他島正式宣布冷戰終結。

一九九一年年底，蘇聯共產黨政變失敗導致蘇聯解體。戈巴契夫總統的**經濟改革**（重建體制）終究未能發揮效果。

蘇聯的解體，引發了「冷戰」這種戰後體制的大轉變。然而，隨著冷戰的終結，使全球性的經濟落差擴大，世界反而進入了更艱難的局面。由於國有企業的資產被部分人士買斷，舊蘇聯變成了社會貧富差距極大的國家。

俄羅斯聯邦的新領導者葉爾欽總統，聘請了美國經濟顧問團，意圖透過國營企業的民營化導入市場經濟體制。

政府計畫發給國民一定金額的股權憑證（Voucher，私有化證券），國民可以把這個股權憑證轉換成企業（完成民營化）的股票。

然而，**精於謀利的商人開始低價收購私有化證券，並在國營企業轉售後成為企業主，形成了新興財閥（寡頭財閥），其中以猶太人占絕大部分**。

俄羅斯人口的百分之三十五成了貧困階級。以前施行社會主義的俄羅斯，如今卻成為全球貧富差距最大的國家，多麼地諷刺啊。

解讀經濟

社會主義體制的瓦解對全球造成相當大的影響。在西方國家引發了對社會福利保障的削減，並在全球掀起經濟競爭；而舊社會主義國家，則在國有企業的民營化過程中引發了社會貧富差距，同時也全面轉變成大眾消費社會。民眾的不滿情緒與日俱增，這也是民粹主義（大眾主義）的政權逐漸得勢的原因。

左右搖擺的中國

一九七六年毛澤東去世後，鄧小平在一九七八年奪得中國政權。鄧小平為了重建因文化大革命而疲弊的經濟，廢除了人民公社制度，並打著「改革開放」的名號，仿效新加坡設立了「**經濟特區**」，邀請海外企業進駐中國。

美國在一八九〇年代以後，就一直進行打進中國市場的經濟策略。因此，當中國積極地導入外資，傾向資本主義經濟之時，對美國而言，是一個得償宿願的絕好時機。

美國、歐洲和日本的跨國企業都爭相搶進中國市場，讓中國經濟出現驚人的成長。中國農村的廉價勞工（農民工）吸引了許多跨國企業，使中國成為全球的「轉包工廠」。

另一方面，蘇聯的瓦解導致全球社會主義勢力的消退。在柏林圍牆倒塌那年，中國爆發了「天安門事件」（一九八九年，中國共產黨在北京天安門廣場，對訴求民主化的學生和市民施以武力清場）等抗爭事件，中國共產黨全面以武力鎮壓，堅守住共產黨的一黨獨裁。同時，中國也持續吸引海外企業進駐，並大膽引進外資投資中國。

鄧小平打著「讓一部分人可先富裕」（**「先富論」**）的口號，對於伴隨著經濟成長所引起的「社會貧富差距的擴大」，採取了容許的態度。

然而，中國卻無法擺脫自古以來的官尊民卑的傳統，以及舊有的封建制度，業者與政黨、國營企業和軍人之間相互勾結，賄賂的行為公然橫行。

江澤民執政後，黨官員們口口聲聲呼籲要實現平等社會，卻率先把政治當成事業來經營，令自身變得富裕，諸如此類荒腔走板的現象不斷上演。

二〇〇一年，中國加入了WTO（世界貿易組織）。憑著廉價的勞動力，中國對歐盟和美國的出口不斷增加，經濟成長可謂一帆風順。「輸出」和「國內投資」強力支撐著中國的經濟成長。

不過，在二〇〇一年網際網路泡沫破滅後，美國陷入了不景氣（三七九頁），中國對美國的出口也驟減不少。

原本中國對美國的出口，每年以百分之十六到十七的幅度成長，現在已經降低到個位數而已。因此，中國的經濟開始傾向政府的建設投資。

解讀經濟

依據二〇一四年IMF報告預測，在二〇五〇年，中國的GDP為七十兆美元，不會超過美國的三十八兆美元的兩倍。不過，在網際網路泡沫後，中國增加了基礎建設的公共投資，在經濟結構上變成了國內投資占百分之四十五、出口占百分之十五，消費則占百分之四十的不均等結構。

7 自由貿易的擴大雖然是必要的，但……

與美國相抗衡的歐盟

所謂全球化經濟，需要透過擴大自由貿易才得以實現。第二次世界大戰後締結的GATT（《關稅暨貿易總協定》），一直負責制定自由貿易的規則。一九九五年以後，則由**WTO**（有一百五十七個國家加入，負責制定國際貿易規則與排解各國之間的糾紛）承接GATT的工作。

然而，在經濟危機延長、先進國家與發展中國家的利害衝突中，各國之間的談判往往觸礁導致停滯不前。因此，自由貿易的交涉，只得以區域間或兩國之間的FTA《自由貿易協定》為依據。

其中最具代表性的區域協定，就是**歐洲聯盟（EU，簡稱歐盟）**。

一九九三年，歐洲根據《馬斯垂克條約》成立了歐盟。歐洲的市場統一廢除了境內關稅，使人和物可以在區域內完全自由移動。

到了二〇〇二年，歐洲發行了**共通的貨幣歐元**（紙幣、硬幣）。二〇〇四年以後，從瓦解的舊蘇聯脫離的東歐十國也加入了歐盟。加盟國因此一口氣擴張到二十五國，形成了可以與美國相抗衡的巨大市場。

歐盟的宗旨為犧牲國家主權，透過超越國家的機構來推行全球化。

ＥＣＢ（歐洲中央銀行）的總部在德國法蘭克福，獨立於各國政府之外，具有負責發行歐元與依各國的出資比例來分配歐元、握有決定利率和介入匯率等金融政策的權限。

不過，歐盟沒有統一的財政部，各國握有各自的財政權限。因此，歐盟的弱點在於發生經濟危機時，各國沒有辦法放下本國的利益，提出有效的、以全體為優先的財政政策。

德國對歐元制度的建立樂觀其成。因為背負巨額財政赤字的ＰＩＩＧＳ（歐豬五國，即指葡萄牙、義大利、愛爾蘭、希臘和西班牙）也使用歐元，貿易順差的德國可以藉由歐元來抑制貨幣升值。換言之，德國透過歐元確保了非常有利的貿易條件。

另一方面，英國對於將金融政策的權限讓與ＥＣＢ一事十分感冒，因此拒絕導入歐元貨幣。英國仍然堅守著過去的世界通用貨幣，也是令英國人引以為傲的英鎊貨幣。

匯集跨國企業資金的倫敦金融城西堤區，目前也是全球最大美元交易的國際金融市場，占全球外匯交易的四成，交易金額超過紐約市場和東京市場的總和。

■歐洲聯盟(EU)的成立過程

一九五一年 歐洲煤鋼共同體(ECSC)
(法國、西德、義大利、荷蘭、比利時、盧森堡)

一九五八年 歐洲經濟共同體(EEC)
歐洲原子能共同體(Euratom)
(法國、西德、義大利、荷蘭、比利時、盧森堡)

一九六〇年 歐洲自由貿易聯盟(EFTA)
為了對抗EEC而發起
(英國、奧地利、瑞典、瑞士、丹麥、挪威、葡萄牙)

一九六七年 歐洲共同體(EC)
由歐洲煤鋼共同體(ECSC)、歐洲經濟共同體(EEC)、
歐洲原子能共同體(Euratom)三者合併而成。
法國、西德、義大利、荷蘭、比利時、盧森堡

EC的擴大

一九七三年 英國、愛爾蘭、丹麥加入EC。EFTA併入EC。

一九八一年 希臘加入。一九八六年,西班牙、葡萄牙加入EC。
(合計十二國)

一九九三年 創設歐洲聯盟(EU)

一九九九年 發行共通貨幣「歐元」。
二〇〇二年 發行歐元的紙幣和硬幣。

二〇一六年 英國決定脫歐。

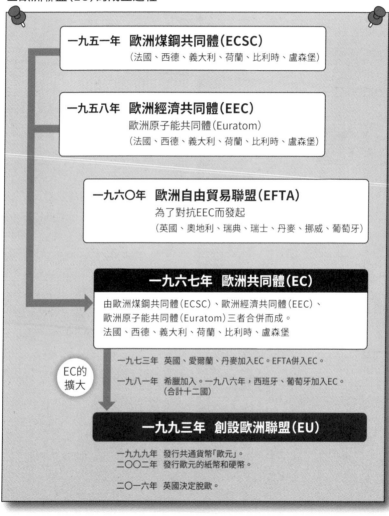

英國柴契爾政權透過金融自由化政策（金融大爆炸、一九八六年），吸引了大量外資的流入，強化了倫敦身為全球金融中心的地位。

解讀經濟

來自東歐的一大群移民，以及來自西亞、北非的難民大量流入，使英國對歐盟的不滿與日俱增。二〇一六年，英國經由公民投票決定退出歐盟（脫歐）。

區域共同體的擴展與逆流現象

除了歐盟以外，其他還有諸如由東南亞的ASEAN（東協十國）所組成的AFTA（東協自由貿易區），由美國、加拿大、墨西哥所組成的NAFTA（《北美自由貿易協議》），以及由巴西、阿根廷等四國所共同成立的MERCOSUR（南方共同市場）等FTA，目的都在於廢除區域內的關稅壁壘。

在太平洋區域，日本、美國、新加坡、澳洲、越南和馬來西亞等十一國原本有意成立TPP（《跨太平洋戰略經濟夥伴協定》），耗費數年進行協議的結果，美國（協議主導國）

最後在總統的行政命令下拒絕加入，太平洋區的FTA終告失敗。

在亞洲區，出現了更廣域的亞洲自由貿易協定RCEP（《區域全面經濟夥伴關係協定》）將取代TPP，中國在其中扮演了重要的角色。美國等同於放棄了亞洲三十億人口的經濟主導權。中國、東協和印度的出口，占了全球出口總額的七成之多。

解讀經濟

第二次世界大戰後的全球一體化，與一九七〇年代之後的經濟全球化，徹底改變了世界經濟的結構，以至於美國已經無法再透過軍事力和政治力來強行掌控經濟。

過度干預中東而破產的美國

二〇〇一年，美國紐約發生了**九一一事件**（美國同時發生多起恐怖攻擊事件），使美國的政策全面轉變為「反恐怖主義」。

時任美國總統小布希受到九一一事件的影響，同年以阿富汗長期支援激進組織蓋達（遜尼派）為由，發動了阿富汗戰爭。

二〇〇三年，美國宣稱為了消滅大規模殺傷性武器而進攻伊拉克（伊拉克戰爭）。針對中東的開戰，使美國陷入了泥沼般的消耗戰。

美國不僅沒有發現大規模殺傷性武器，即使殺害了伊拉克的首領薩達姆・海珊，也無法平息伊拉克的混亂，甚至完全破壞了一直以來英法用以掌控阿拉伯人的體制（《賽克斯・皮科協定》，三一一頁）。

由於伊拉克是什葉派人口占多數，在遜尼派的首領海珊死亡後，遜尼派頓失權力，於是轉而與伊斯蘭激進組織合作圖謀復權，加上敘利亞內戰的影響，使伊斯蘭國（ＩＳ）的活動更加激進。

美國在伊拉克戰爭的財政支出為越戰（一九五五至一九七五年）的一・五倍，波斯灣戰爭（一九九一年）的十倍，使美國的「雙赤字」（貿易赤字和政府財政赤字）大幅劇增。

美國一方面為了緩和財政赤字的問題，以及為了防止景氣急凍，在網際網路泡沫破滅後，一直持續實施「低利率」的措施（三七九頁圖）。下一個泡沫化的標的，就是房地產業。

解讀經濟

「伊拉克戰爭」不僅成為美國經濟的絆腳石，也破壞了英國所建立的伊拉克，更破壞了第二次世界大戰後所建立的中東秩序。

8 全球金融因雷曼兄弟事件而瀕臨崩潰

疑神疑鬼導致證券泡沫崩盤

有「移民國家」之稱的美國，接受了蜂擁而來的貧窮移民。二〇〇〇年代，由於ＦＲＢ長期實施通膨政策，使不動產的熱潮不斷升溫，許多低收入階層紛紛辦理房屋貸款來購置不動產。

人民極度渴望擁有自己的家，從而使房市泡沫逐漸走向不可收拾的地步。

ＦＲＢ對於泡沫的發生非常敏感，於是不再實施貨幣寬鬆政策（為了脫離網際網路泡沫〔三七八頁〕所大膽採用的政策）。二〇〇四年六月以後，ＦＲＢ開始緩慢地調升銀行利率（三七九頁圖）。

直到二〇〇六年為止的兩年內，利率雖然由百分之一提高到百分之五．二五，卻沒有達到有效抑制房市泡沫的效果。

那是在經濟全球化下，歐盟的銀行大肆收購美國國債和房屋貸款相關的證券所致。

之後連續十年，人們都可以輕易籌得購買房屋的資金，透過轉賣房屋獲取利益的房地產投資，也因此產生過熱的現象。特別是針對低所得階層的**「次級貸款」**（次級房貸），完全不考慮借貸者的償還能力就大量放款。

所謂次級貸款（次級房貸），是針對償還能力低的人，以房屋做擔保收取高額利息的貸款，主要是指房屋貸款。

利益薰心的金融業者，完全沒有考慮到借貸者的償還能力，不斷推動次級房貸，再把極有可能變成呆帳的貸款轉賣給投資銀行。

投資銀行將個別的房屋貸款混合並進行分割，再結合國債等穩定的債券，包裝組合成不動產抵押貸款證券（ＭＢＳ）。

由於當時不動產的價格看漲，信用評級公司對這類證券給予ＡＡＡ級的評價，獲得權威性的保證後，ＭＢＳ逐漸銷售到全世界。泡沫也因此由美國擴散到全世界。

不久，房價的漲勢漸顯疲態，到了二〇〇七年，高利率的次級房貸（原本就知道借貸者的償還能力有限）開始出現大量的呆帳。

草木皆兵的投資人（業者、個人）開始不再信任證券化商品，紛紛拋售證券，使證券泡沫危機一舉擴散到全世界。

由於上市的金融商品組成複雜，完全無法得知崩盤的房貸被包裝成哪個證券商品，以及參雜的比例有多少，金融業者只得競相拋售證券化商品，使其全面大暴跌。

全球的證券交易陷入一片停滯，對投資銀行（證券公司）、銀行和保險公司造成很大的衝擊。

二〇〇八年九月，美國排名第四的投資銀行雷曼兄弟，負債高達約六千億美元（約六十六兆日圓。為日本國家預算的三分之二），最終宣告破產。

全球最大的保險公司ＡＩＧ（美國國際集團）也由於支付信用違約交換（ＣＤＳ）的理賠金而面臨破產，美國政府後來以破產所造成的影響過大為由，收購了ＡＩＧ百分之七十九．九的股票，使ＡＩＧ國有化。

這就是**「雷曼兄弟事件」**，其影響遠大於一九二九年「經濟大恐慌」引發的金融危機。

什麼是次貸危機？

二〇〇〇年代前半，美國產生了前所未有的購屋熱潮。二〇〇五年的巔峰時期，中古屋的流通量約高達七百萬戶，是史上最高的紀錄。其背後的原因，除了有移民所導致的人口驟增外，還有房貸利率低廉（受到經濟成長和證券化的影響）的因素。

二〇〇四年，FRB調高利率後，貸款的利率也跟著上漲，使房產買賣一片低迷，房屋嚴重滯銷。

當次級房貸（一開始為便宜的固定利率。兩、三年後就轉為高額的浮動利率）的還款逐漸遲滯，大量的投資者爭相拋售由貸款證券化的風險性資產和股票，改為買入國債等安全資產，這股恐慌波及到全世界。風險性資產的價格暴跌，使金融危機不斷擴大。

全面崩潰的金融商品

雷曼兄弟事件為什麼會造成如此巨大的破壞性？

二十世紀末，全球的經濟邁向金融化。**美國經濟的主導者由企業經營者變為投資家，金融的重心也由以往的間接金融轉變為直接金融，全球進入了由金融業者運用高度的金融工程（Financial Engineering），製作出各種金融商品的時代。**

不過，由於先前過度運用金融槓桿（Leverage，槓桿原理）去做投資，在雷曼兄弟事件後，債款的償還變得更加困難。

換言之，「信用」的破產衍生出抽緊銀根的信用緊縮（Credit crunch）現象。這是因為現在已經進入了全球資產價值被迫提升的時代所致（儲蓄者、投資家與實體經濟的經營者

〔有融資需求〕之間，形成了投機性的金融市場）。

貨幣（交換物品的「兌換券」）被符號化後，得以經由金融操作的手法不斷衍生出利益。

金融業在美國的GDP所占的比例，從約百分之二提高到百分之八，增加了四倍之多。

解讀經濟

雷曼兄弟事件是證券（經由複雜的金融工程包裝而成）的泡沫事件，在讓所有人都措手不及的情況下，演變成全面崩潰的金融危機。

Turning Point

50

西元二〇〇八年

雷曼兄弟事件引發了全球金融海嘯

二〇〇八年，次級房貸的破產導致證券泡沫的破滅，進而引發了全球性的金融風暴。美國的大型投資銀行雷曼兄弟和AIG相繼破產（雷曼兄弟事件），對全球造成巨大的衝擊。一心奉行金錢至上主義的結果，最終使全球經濟陷入了巨大的危機。

9 寬鬆貨幣政策與新興市場國家的泡沫化

傾注大量的美元與金融的復興

面對雷曼兄弟事件的危機，美國FRB（聯邦儲備委員會）的主席柏南奇，活用以往「經濟大恐慌」的經驗，將「利率大幅調降至零到百分之〇．二五之間」，並大量收購國債和投入大規模的資金用以穩定金融體系。柏南奇實施了多達三次的QE**（量化寬鬆政策）**，傾注了高達四兆美元（約五百兆日圓）的資金到金融市場。

綽號為「直升機班」（Helicopter Ben）的柏南奇，加印了超過四倍的美元紙幣，引發了全球性的通貨膨脹。

近年，美國的車貸問題逐漸取代了房貸問題，不過只有美國還不足以引發新的泡沫。美國大量發行的美元，以「短期資金」的形式流入了中國、巴西等新興國家，引發了大規模的泡沫**（新興市場國家的泡沫危機）**。與第二次世界大戰後發生的泡沫不同，這是故意為之的泡沫。

這些撤向新興國家的短期資金所獲得的收益，使美國脫離了經濟危機。美國大規模的通膨政策，與中國和新興國家所產生的泡沫可謂息息相關。

當新興市場國家的泡沫衍生之際，美國全球最大的投資銀行高盛銀行，預測未來主宰全球經濟的將是BRICs（金磚四國：巴西、俄羅斯、印度和中國），因而大肆呼籲投資新興國家（新興市場）。

不過，直到二〇一二年，原本由於大量資金的流入而持續升溫的新興市場經濟，卻開始出現降溫的情形。不久，FRB宣布停止實施QE，為新興市場帶來雪上加霜的打擊。

二〇一三年，投機者預期QE退場後，會有大量的美元從新興市場流出，於是大舉拋售巴西、印度、印尼、土耳其和南非的貨幣。

這股新興國家貨幣的拋售潮也波及阿根廷、墨西哥和馬來西亞等國，各國的貨幣與股價、國債價格一併下跌。連前不久才砸下四兆人民幣擺脫雷曼兄弟事件的中國，也受到牽連。

中國轉向社會主義市場經濟後，與美國（以前進中國市場作為世界戰略重心）之間形成了雙贏的合作關係。中國在雷曼兄弟事件後，投入四兆人民幣用以擴大內需，使中美之間的合作關係更加緊密。不過，隨著投資過熱的泡沫破滅與共產黨獨裁體制的強化、霸權主義的抬頭等因素，中美關係在二〇一五年之後急速冷卻。

二〇一五年，中國的上海股市由於急速的泡沫化，引發了股價的大暴跌，加上政府強力介入市場，使中國經濟的前途蒙上陰影。

中國經濟的低迷，使中國停止了「爆買」能源的行動，對亞洲各國和能源生產國家造成惡性循環的影響。

此外，美國的頁岩油、頁岩氣的增產，使美國的石油生產超越了沙烏地阿拉伯，加上俄羅斯、委內瑞拉等國石油的增產，二〇一五年，石油的價格暴跌了超過一半（三五七頁圖），能源的價格也隨之暴跌。這個事件直接衝擊了新興市場的經濟，造成FRB無法按照計畫順利推動美元升息。

解讀經濟

二〇一三年，全球外匯市場的年交易額為一千三百兆美元，約達貿易交易額的六十倍。

希臘問題與歐債危機

雷曼兄弟事件後，歐洲陷入了長期的不景氣，歐元的矛盾也逐漸浮上檯面。經濟狀況佳的德國，與長期陷入不景氣的南歐諸國之間，經濟的落差逐漸擴大。

尤其在二〇〇九年，**希臘**政權交替後的新政府，揭露本國**粉飾了巨額的帳目赤字**（財政赤字不是原先報告的GDP百分之三．七，而是百分之十二．五），以偽造的數據加入了歐盟的震撼事實。

經由此事，歐元的信用毀於一旦。二〇一〇年，對希臘經濟的不信任擴大到整個南歐，引發了**歐債危機**（對國家的信用危機擴大）。

歐洲中央銀行（ECB）雖然對希臘提供了緊急融資，但希臘卻在威脅要脫離歐元區的同時，也對被要求財政緊縮的融資條件表示抗拒。接二連三的紛爭加重了歐元的危機。

引發希臘危機的原因，源於鄂圖曼帝國統治以來的慢性逃漏稅問題、對公務員（占國民人口的兩成）過於優待，以及舉辦雅典奧運所帶來的財政赤字等因素。另外，希臘無法透過加入歐元區制定出配合國內情勢的金融政策，以及無法透過虛擬貨幣來調節經濟等，也是衍生危機的重要因素。

不過，即使希臘脫離歐元區，回復使用原本的貨幣德拉克馬，也逃不過嚴重的通膨危機。

解讀經濟

希臘的債務危機，使被稱為「歐豬五國」（三八六頁）的南歐諸國的財政危機昭然若揭，也使歐盟的危機浮上檯面。

Turning Point

51

西元二〇〇九年

希臘國債危機凸顯出歐元的臨界點

希臘危機對歐元整體的信用造成嚴重的傷害，還引發了歐元貶值，在歐元貶值當中景況佳的德國，成為唯一一個如魚得水的國家。歐元在結構上的缺陷已經浮上檯面。

10 美國升息與新興市場國家的泡沫破滅

岌岌可危的中國泡沫的破滅

雷曼兄弟事件之後，中國共產黨政權投注了高達四兆人民幣用以擴大內需，不僅開始興建連結沿岸到內陸地區的高速鐵路和高速公路，更重新開發中國內陸的農業地帶。共產黨政權動員全國致力於這個振興經濟的方案，首先土地已經國有化，於是高速展開「地上物件」的建設和開發，並對周邊的亞洲諸國和澳洲「爆買」開發所需的大量能源。

由於美國和歐盟陷入不景氣，中國對歐美的出口驟減，於是中國政府意圖以建設投資來彌補這個缺口。此外，中國政府也有意招攬失去投資標的的大量外資，前來投資中國的大規模開發。

二〇〇八年以後，中國開始興建連結沿岸到內陸地區的高速鐵路和高速公路，並推動了大規模的都市建設，傾注了非常龐大的資金。

這場巨大的建設熱潮，規模之大相當於日本「列島改造」的好幾倍。位於中國內陸的四川重慶，急速成長為人口超越上海和北京的大規模都市。中國也一舉躍升成為全球最大的汽車市場。

不過，中國在表面上雖然華麗炫目，內部卻有建設計畫草率，由政治主導經濟發展以至於欠缺經濟觀念等問題，使**中國產生了世界史上前所未見的大規模泡沫經濟危機**。

中國的GDP（國內生產總值）雖然在短時間內就超越日本，躍升為全球第二，但是地方政府卻債台高築，經濟落差逐漸擴大，官僚的腐敗也愈演愈烈。

中國的現代史，莫非只是先前的軍閥將權力轉移給共產黨而已嗎？各層幹部的墮落程度可謂荒唐透頂。

由於中國的經濟成長源於國家投資，國營企業占有優勢，至於提升企業的產能、環境問題的解決等議題，則被閒置一旁。

二〇一二年，中國的經濟開始出現倒退的趨勢。將近十年來（二〇〇二至二〇一一年），中國的經濟成長率都達百分之十左右，在出現頹勢後，就降低到百分之七左右。

其實，中國的經濟統計數據在全球不太具有公信力。根據推測，中國實際的經濟成長率應該是百分之五左右，有些極端的說法，甚至提出中國可能已經陷入經濟負成長的窘境。

美國FRB為了防止國內的經濟出現泡沫化，祭出了「利率調升」的政策，此舉也對中

■「一帶一路」的構想與南海示意圖

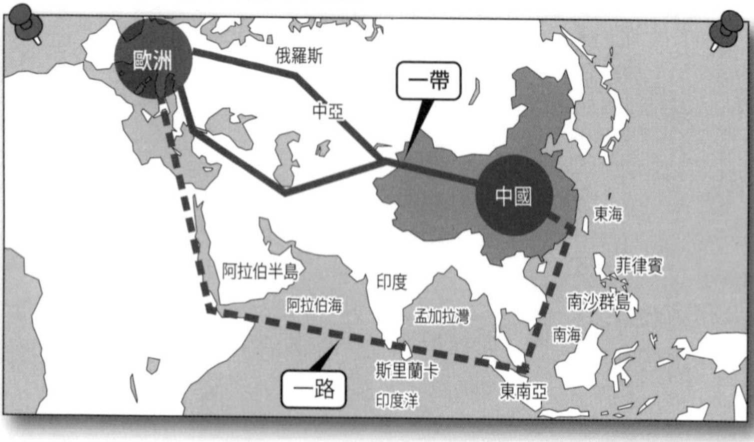

國的經濟造成打擊。雷曼兄弟事件後，流向全球的龐大美元（三九八頁），不是在美國本國，而是在新興市場引發了泡沫危機。因此，全球的經濟由於美元升息而引發大混亂，美國實在難辭其咎。

中國人口占全球人口的五分之一，為了維持大國經濟與獨裁政權，中國推出了**「一帶一路」構想**（由中國到歐洲的陸路「一帶」與繞經東南亞的海路「一路」，所連結而成的「絲綢之路經濟帶構想」）。

這是中國以中華思想為根基，前進歐亞大陸的擴張政策，也可以看做是中國將泡沫輸往歐亞大陸的出口政策。

另一方面，中國還意圖將南海納為己有，這是無視於世界歷史，自以為是的蠻橫行為，實在難以獲取世界各國的信任與支持。

中國將比地中海還要遼闊的國際公海南海，以

「自古以來就是中國的海域」為由，意圖透過武力據為己有。這種做法，與義大利以羅馬曾經統治地中海為由，強行將地中海據為己有的野蠻主張如出一轍。

而且，從歷史的觀點來看，中國是內陸國家而非海洋國家。中國想要掌握全球經濟的霸權，靠的不應該是中華思想，而是要先擁有符合現代需求的「理念」才行。

解讀經濟

中國面對雷曼兄弟事件所帶來的全球經濟危機，雖然試圖透過巨額的國家投資進行挽救，卻因為投資過剩引發了泡沫危機，國家經濟的運作堪稱如走鋼絲，險象環生。

知識叢書 1128

51 個影響世界經濟的關鍵大事

世界〈経済〉全史「51の転換点」で現在と未来が読み解ける

作　者	宮崎正勝
譯　者	賴詩韻
資深編輯	張擎
責任企畫	郭靜羽
封面設計	吳郁嫻
排　版	走路花工作室
人文線主編	王育涵
總編輯	胡金倫
董事長	趙政岷
出版者	時報文化出版企業股份有限公司 108019 臺北市和平西路三段 240 號一至七樓 發行專線｜(02)2306-6842 讀者服務專線｜0800-231-705｜(02)2304-7103 讀者服務傳真｜(02)2304-6858 郵撥｜1934-4724 時報文化出版公司 信箱｜10899 臺北華江橋郵政第 99 信箱
時報悅讀網	www.readingtimes.com.tw
人文科學線臉書	https://www.facebook.com/humanities.science/
法律顧問	理律法律事務所｜陳長文律師、李念祖律師
印　刷	勁達印刷有限公司
初版一刷	2019 年 1 月 18 日
二版一刷	2022 年 12 月 16 日
定　價	新台幣 520 元

時報文化出版公司成立於一九七五年，並於一九九九年股票上櫃公開發行，於二〇〇八年脫離中時集團非屬旺中，以「尊重智慧與創意的文化事業」為信念。

ISBN 978-626-353-074-4｜Printed in Taiwan

51 個影響世界經濟的關鍵大事／宮崎正勝 著；賴詩韻譯．– 二版．-- 臺北市：時報文化出版企業股份有限公司，2022.12｜
面；14.8×21 公分．--（知識叢書；1128）｜譯自：世界〈経済〉全史「51の転換点」で現在と未来が読み解ける｜ISBN 978-626-353-074-4（平裝）｜1.CST: 經濟史 2.CST: 世界史｜550.9｜111016735